大五人格 × 防禦機制 × 自我價值感
× 助推理論 × 霸凌研究
矯正兒少偏差行為，避免做焦慮父母

樂律

化暴力為引導

「正向
教育心理學」

把握每個養育關鍵期

朱可可 著

▶為什麼別人家的孩子一點就通，我的孩子卻感覺智商堪憂？
▶當孩子像小霸王一樣哭鬧使性子時，怎麼跟他好好講道理？
▶發現自己的「乖小孩」疑似是校園霸凌「加害者」怎麼辦？
▶面對幼童的十萬個為什麼，家長應如何引導他們自主思考？

每個人都可能成為父母，卻沒有人教你如何做好父母；
學習培養孩童與生俱來的氣質，陪伴他們度過成長的
每個階段！

目錄

第三章
關於人際溝通的正向教育

第四章
關於情緒管理的正向教育

第五章
關於性格養成的正向教育

▌第六章
關於思維訓練的正向教育

▌後記

前言

教育能改變一個人的命運嗎？這個問題沒有定論。

沒有人會拿自己的人生去檢驗一個不知道對錯的命題，也沒有人能拿別人的人生去檢驗這個命題。但顯而易見的是，就目前社會形勢來看，教育是改變貧窮原生家庭最常見的形式。

近年來，關於「寒門難出貴子」、「讀書無用論」的說法時有出現，讀書對個體實現人生價值真的毫無用處嗎？顯然不是，有很多人透過教育打破了貼在自己身上的標籤，比如我。

我上國中的時候，同儕團體鬧輟學鬧得很凶，以至於很長一段時間我也只想輟學，出來混社會，賺大錢，但我父親的一句話打消了我幼稚的想法。父親說：「讀書是最容易的事了，連書都讀不好，你覺得你能做好其他的事情嗎？」

離我上國中已經過去八年了，現在想來，我仍然無比感謝父親的教誨和當初沒有放棄的自己。可以說，是父親的教育改變了我的一生。

但對孩子產生消極影響的父母也有很多，沉迷玩樂的父

母忽視孩子，強勢的父母完全剝奪孩子的自主權，還有些性
情暴烈的父母動輒苛責與謾罵孩子。這樣的例子也很常見。

　　有一句話非常觸動我：「這世界上，任何事都有課程可
以學習，唯獨當父母這件事，沒有什麼課程和考試。」所以
什麼樣的人都能成為父母，都能教育孩子。

　　有人說，如何做父母，是這世界上最應該有卻不存在的
課程。

　　對父母來說，怎樣教育孩子是一個經久不衰的話題。從
孩子出生起，父母就時刻關心孩子如何能健康成長；孩子
三四歲的時候該學習什麼，才不會輸在起跑點上；孩子六七
歲進入小學後，在學校會不會受欺負，如何和其他孩子交
往；孩子十幾歲時，如何引導孩子度過青春期，性教育是否
有必要，孩子會不會和不良人士接觸；再到孩子學測後，大
學和科系的選擇，畢業後的職業選擇，以及戀愛、結婚、生
子……父母都會有自己的看法。

　　但更關鍵的是，父母能不能理解孩子是怎麼想的。這一
點尤為重要，父母的主觀想法可能會有失偏頗，孩子有自身
的考量，他們怎麼想也很關鍵。這一點，在本書中的第三章
我們會做詳細而具體的介紹。

　　在溝通的基礎上，了解孩子的想法，因勢利導，對孩子
的培養和教育做規劃，才是合格的父母應該具備的素養。時

刻關注孩子成長過程中的性格問題、情緒問題以及各方面能力的成長，在必要的時候幫助孩子解決問題，度過難關，這是合格的家庭教育應該做到的事情。

回到開頭那個問題，教育能改變一個人的命運嗎？這個問題依舊沒有定論。但教育能改變一個人的生活嗎？答案很肯定，正如心理學家阿德勒曾說：「幸福的童年治癒一生，不幸的童年需要一生來治癒。」

家庭教育對孩子的成長至關重要，這也是本書寫作的初衷。

為了幫助孩子健康快樂地成長，透過教育為孩子的人生帶來更多的機會，本書透過六章內容來幫助父母理解家庭和家庭教育對孩子的意義，以及在孩子的成長過程中，家長能做些什麼可以幫助孩子成長。

本書會透過多位心理學家的理論對孩子在成長教育過程中遇到的各種問題進行分析，無論是孩子能力發展的關鍵期，情緒問題的處理，心理防禦機制的使用，還是自卑、孤獨、自我價值感的缺失，健康性格的養成，抑或性格對未來職業規劃的影響等，這些問題都會在書中一一進行詳細介紹。

希望讀者能從本書中獲得關於家庭教育的啟發，從而在孩子成長過程中給予其真正需要的幫助。

前言

第一章
兒童青少年的養育關鍵期

幸福的童年治癒一生，不幸的童年需要一生來治癒。

導語

對家長來說，應該將孩子按照自己期望的方向去培養，德、智、體、群、美全面發展，成為社會需要的人才；還是按照孩子的興趣愛好選擇其發展方向，放任其自由快樂地成長，是每位家長從孩子出生起就一直在討論實踐，並不斷和其他家長交流探討的話題。

為什麼別人家的孩子愛乾淨還聽話，一副乖寶寶的模樣，我家孩子就淘氣調皮，說什麼都不聽？為什麼別人家的孩子就喜歡出去玩，我家孩子卻只喜歡待在屋裡，一天到晚找媽媽？為什麼隔壁的孩子溫柔安靜，喜歡看書，我家孩子就愛生氣，脾氣古怪，還喜歡看電視？更令家長們恨不得愁白了頭髮的是，為什麼鄰居家的孩子從小功課就好，平時也沒見他怎麼上補習班，而我家孩子就聽不懂老師講什麼，學不進去，成績不好？

每位家長在培養自家孩子的過程中一定都遇到過類似的問題，那麼，究竟是什麼原因導致年齡不大的孩子們之間存在這麼大的差異呢？孩子的性格和行為表現究竟是先天如此，還是後天養成的呢？心理學關於兒童心理發展問題的研究或許能給你一些啟發。

一直以來，心理學家關於兒童性格、行為、習慣養成的過程以及動力來源等問題，爭論不休，早在心理學還從屬於哲學階段開始，就有「白紙說」和「大理石論」兩種觀點。洛克認為，人從出生起就是一張乾淨無瑕的白紙，這張紙最後呈現出什麼樣的內容，完全取決於後來的引導、教育和經歷，每一次經歷就好像有人在紙上塗畫，塗抹的黑色越多，個體就表現得越消極陰鬱；相反，如果個體遇到的經歷更多的是積極正面的，白紙就會呈現出更多的暖色，個體的表現也就更加積極向上。

「白紙說」代表了後天論的觀點，以華生為代表的行為主義學派是後天論的重要代表，他們主張個體的行為受到環境的影響更大，遺傳的作用有限。華生甚至聲稱，給我一打健康的嬰兒，我能把他們培養成不同的人才。

而另一個派別更重視遺傳的作用。萊布尼茲曾做過這樣一個比喻：所有人來到世間都是一塊大理石，我們窮極一生雕琢自己，只是為了讓原本的自己得以展現出來。換句話說，我們作為自己的雕刻家，在雕刻自己這塊大理石之前，早已在腦海中構建好了我們最後的模樣。遺傳更重要的觀點被許多優生學和統計學的學者認可，並導致了迫害其他種族、滅絕原住民等惡性反人類事件的發生，因此逐漸被優「育」學所代替。

孩子的行為舉止和表現究竟受遺傳影響更多還是後天教養影響更多，這個問題依舊懸而未決。但對家長來說，我們只能改變我們能改變的，充分發揮人的主觀能動性，為孩子的成長提供更好的條件和引導。只要教育引導做好了，就能為兒童提供更好的發展機會。因此，家長需要了解孩子成長過程中影響其未來發展的一些關鍵點，在這些時間點上給予孩子足夠的重視和幫助，才能更好地幫助孩子成長。

本章將介紹四位著名的發展心理學家的重要理論，根據其討論對兒童的教育，尤其是兒童的語言學習、性格養成、習慣形成以及問題避免等方面提出相應的建議。

第 1 節我們會講述以杭士基為代表的語言學家和心理學家如何理解兒童的語言學習，並根據現有研究結論對兒童的語文、英語學習提出適當的建議。

第 2 節我們會介紹精神分析學創始人佛洛伊德的兒童發展理論 —— 五階段論，佛洛伊德對兒童發展階段的劃分正符合了其心理學主張 —— 力比多萬能論。本節我們會探討兒童早期的一些奇怪行為以及這些行為背後的深意。家長要以健康開放的態度看待兒童行為，只有保護兒童正常的需求，兒童才能獲得幸福的童年，而這樣做更大的好處，便在於兒童成年後擁有健全健康的人格和三觀。

第 3 節我們會講述皮亞傑對兒童發展階段的探索。皮亞

傑透過對兒童的細緻觀察和實驗，對兒童發展階段進行總結，形成了兒童的四階段發展理論。我們還會介紹兒童認知發展的基本階段。

第 4 節我們會介紹社會心理學家艾瑞克森的人生發展八階段論。艾瑞克森指出，個體畢生發展的每個階段，都對應有當前階段應該完成的任務，只有這一階段的任務或衝突得到完美的解決，個體才能正常健康地生活。

在對上述四節的講述中，我們會看到很多教育和培養兒童的案例與技巧，希望讀者能仔細閱讀，根據自家孩子的情況選擇適合的教育方式，對家庭教育做出有利的改變。

第 1 節
語言習得：語言關鍵期的幫助

　　孩子的學習對家長來說是一件非常重要的事，對這件事的關注，從孩子出生開始就伴隨著家長，一直到孩子成家立業。

　　在對孩子學習的擔憂中，很大一部分是對孩子的語言學習的擔憂。具體來說，就是對孩子語文和英語學習的擔憂，既包括語言的應用、理解，也包括語言的聽說、表達和寫作。相關研究發現，華人學生學習英語花費的時間是全世界最多的，但學習效果是全世界最差的，原因在於，在我們的日常生活情境中，英語幾乎沒有任何應用。但很奇怪的一點在於，雅思、托福等英語類語言考試專案的最高分又幾乎都是華人創造的。

　　為什麼同處於英語非母語的環境中，有些人能流利自如地應付語言類考試，而有些人卻因為語言類考試不利，和心儀的學校失之交臂呢？家長如果能了解這其中的關鍵，就能讓自己的孩子在其個人發展中占有優勢。

　　杭士基關於語言學習的理論或許能解釋上述問題。

杭士基的語言獲得裝置理論

對於語言的習得，學術界一直有先天論和後天論的爭論。先天論認為，人類的語言學習天賦是先天遺傳的，某一因素（如父母的基因、大腦腦區等）決定了個體的語言學習天賦，這是人類與生俱來的語言能力。

例如：顧相學認為，眼睛明亮的人，記憶力會比較好，是先天的基因遺傳給予孩子的初始條件決定了孩子的語言能力。後天論或經驗論學者則強調，後天經驗學習是語言獲得的經驗和基礎。行為主義認為，可以透過引導和足夠的資訊刺激來促進孩子的大腦發育，從而獲得領先發展優勢。

杭士基認為，人類的不同語言之間存在一種基本的語言形式，他將其稱為普遍文法。人類習得語言的時間和方式也存在普遍性，例如：兒童一般在一歲左右能發出一些簡單的音節，兩三歲就能掌握一些簡單的詞語，三四歲就能表達一些簡單的句子。

根據這樣的現象觀察，杭士基假設人腦中有一種先天的對語言進行加工的裝置，叫做語言獲得裝置（Language Acquisition Device, LAD）。外界提供給兒童的原始語言材料經過語言獲得裝置進行加工，兒童由此獲得了語言的句法規則，並逐漸建立起兒童的文法體系。

這就是為什麼孩子在表達時會出現「要那個」這種很簡

短，沒有主語和指代的句子，這是孩子文法加工不足產生的結果。杭士基認為，正是語言獲得裝置的存在，使兒童能從有限的句子中提取文法，並理解那些他們從未聽過的句子。

杭士基是先天論的代表人物，但在對具體教育和語言習得過程的論述中，杭士基的主張更像是後天論。杭士基主張，孩子大腦中存在語言獲得裝置，但若想要該裝置得到充分的發展，則需要豐富的語言材料進行持續不斷的刺激。

根據杭士基的理論，兒童的語言習得需要依賴其收集到的語言材料，如果父母能在兒童語言習得的過程中加入更多的英語句子，或許有助於兒童更好地掌握英語。除了杭士基的語言獲得理論，心理學關於語言習得較為一般的理論是語言習得的關鍵期假說。

關鍵期假說

所謂關鍵期，是指兒童的語言習得是階段性的，不同階段和時期，兒童對語言的敏感程度不同。語言關鍵期是指兒童對語言習得最敏感的時期。如果父母能幫助兒童掌握這個時期，兒童學習語言能力就會得到發展，學起來就能事半功倍。

大腦發展的關鍵期概念，是由英國學者大衛・休伯爾等人於 1960 年代提出的。

研究發現，剛出生的貓或者猴子透過手術縫上眼皮後，

數月後雖然能再打開牠們的眼皮，但這些動物無法再獲得視覺資訊，即使牠們的視覺生理機制是正常的。據此，休伯爾等人提出了視覺機能發展的關鍵期概念。

近 30 年來，數以百計的腦科學家對「關鍵期」做了大量的研究，並發現大腦的不同功能的發展均存在關鍵期。對於語言學習來說，音韻的學習關鍵期在幼年，文法的學習關鍵期則在大約 16 歲之前。也就是說，家長如果希望孩子能贏在「起跑點」上，那麼對孩子語言學習的發掘，最好集中在 16 歲之前，而在這之後對孩子的學習進行幫助的收效，遠不如在關鍵期時獲得的效果。

語言的學習階段

有學者經過研究發現，雖然不同的語言在性質上有所差異，但人類獲得語言的過程有著驚人的相似性。

兒童口語的獲得，大致年齡和各階段特徵有：0 ～ 9 個月的孩子能夠分別語音刺激和其他刺激，這一階段孩子還無法分辨發出聲音的對象，也就是無法分辨聲音來自父母還是陌生人，但他們已經能夠將語音刺激和其他外界刺激分離開來；9 ～ 12 個月的孩子能說出一些簡單的指示詞，例如「要」、「不」、「好」；18 ～ 24 個月大的孩子已經可以兩個字兩個字地說話，例如喊「爸爸」、「媽媽」、「哥哥」等；3 ～ 4 歲的孩子能表達基本符合句法的句子，例如「我要吃

蘋果」；7 歲以前，孩子就能掌握基本的文法結構，表達清楚自己的意思。

送給家長的教養策略

了解了上述理論之後，家長能為孩子的語言習得提供哪些幫助呢？

◆ 合適的語言環境

要在幼兒期為孩子創造合適的語言環境。例如：如果想讓孩子學好英語，那就在家中多播放英語電影、電視劇，以補足家中沒有英文語境的局限；如果有條件，可以使用英語進行日常對話或請英語家教，也可以在孩子幼兒時期替其報幼兒英語班，讓孩子充分接觸英語環境。

家庭生活中要注意表達的規範和合理，多鼓勵和引導孩子表達，只有吸收足夠多的語言材料，提取足夠的文法規則，孩子才能更好地獲得語言、更好地理解語言。同時要規避一些壞習慣，如避免在孩子面前說髒話，說些孩子還不能理解的網路用語等，以免影響到孩子正常的文法規則習得。

◆ 嚴謹的語言表達

要注意語言表達的嚴謹和邏輯，盡量在孩子面前保持語言的合理和連貫，少使用語氣詞和指代詞，尤其是在孩子還無法理解語境時，太多指代詞會導致孩子難以吸收句法規

則，從而影響其語言的習得。任何不利於孩子正常文法規則累積的語言表達都應該少在孩子面前表現，這就要求家長尤其要重視孩子自己觀看電視時電視上的語言表達。

可以的話，家長應從網上下載語言相對嚴謹準確，易於理解的卡通給孩子看。

◆ 尊重語言發展規律

注意孩子的語言習得關鍵期，在合適的時間段尊重其語言習得的客觀規律，引導孩子盡快掌握該階段的語言能力。例如：0 ～ 9 個月的孩子如果不能掌握發音，尤其是不能發出咿咿呀呀的語言學習信號，家長就應該在快到九個月的時候多引導孩子說話，讓孩子盡快完成本階段的語言任務。

家長一定要重視語言發展關鍵期，這個階段是兒童形成語言能力的最好時機，合理引導往往能達到事半功倍的效果。家長可以嘗試找些語言表達簡單流暢的卡通給孩子看，當然要注意卡通的價值觀問題。

對於掌握母語來說，家長在日常生活中要加強與孩子的溝通，即時耐心地回覆孩子的疑問，引導孩子多說。而對於掌握一門外語，比如英語，如果有條件，最好可以替孩子報英語口語班，讓孩子和自己年齡差不多的孩子一起練習口語，或者讓孩子和口語發音很好的英語老師學習，會起到非常好的效果，為孩子以後學習英語打下良好的基礎。這樣，

在未來孩子就不會走彎路、歧路，在學習方面的暢通無阻也有助於孩子對學習產生濃厚的興趣。要知道，很多孩子產生厭學情緒就是從接觸英語開始的，如果能利用好語言發展關鍵期，幫助孩子養成良好的英語習得習慣，孩子的英語學習就會得心應手。

◆ 加強溝通引導

上面我們也提到了，要想讓孩子養成良好的語言能力，就要多和孩子溝通交流。語言必須得到應用和鍛鍊才能更好地被掌握，所以家長要多在日常生活中鼓勵孩子進行表達。語言只有在日常應用中不斷累積和改正，才能獲得更好的發展。

此外，家長和孩子的溝通有助於促進親子關係，也有利於家長了解孩子內心的真實想法，根據孩子的想法和興趣，因時因地，調整對孩子的期望和培養。

第 2 節
行為養成：行為關鍵期的幫助

養育幼兒的家長一定遇到過這樣的情景：有些孩子喜歡舔手指，有些孩子喜歡隨地大小便，有些孩子會突然衝向自己要親親，還有些孩子會不停往嘴裡放東西。初為父母的家長對這些古怪的行為一定非常詫異。

這些在成年人看來很異常的行為，在有些心理學家看來再正常不過了，甚至這些異常行為表現出了兒童更多的特點。精神分析學派就是這些心理學家的代表。精神分析學派早期以分析個體的異常行為甚至是一些精神疾病為主要關注點，佛洛伊德正是兒童異常行為的研究和觀察大師。

有些孩子喜歡滿身泥濘地到處跑，有時候還會表現出極強的破壞欲；有些孩子吃東西時會不停地往嘴裡塞，都吃吐了還要往嘴裡塞；有些孩子四五歲了還不能控制自己的大小便。對於這些現象，佛洛伊德關於兒童成長階段的劃分或許可以給家長們一個合理的解釋。

精神分析理論

奧地利心理學家佛洛伊德以精神分析理論著稱於世。在研究了諸多異常行為和精神疾病患者後，佛洛伊德提出，存在於個體異常行為背後的動因是「性」，佛洛伊德稱為「力比多」，人的行為大多是受力比多驅使的。

力比多使人存在兩種本能：生本能和死本能。生本能是指個體努力生存下來的本能，如鍛鍊、保健、吃藥、打針等個體為了自身存續而做出的行為；死本能則是指個體毀滅自己，傷害自己的一種欲望，如熬夜、打遊戲、成癮、放縱等。人在生死本能的交叉衝突中逐漸成長。

佛洛伊德認為，人的潛能和潛意識如同隱沒在水下的冰山，受制於社會道德規範，個體的力比多在多數情況下無法得到釋放，只能被壓抑，而壓抑的部分會在夢境中得到演化。人的大多數死本能都透過夢境的方式被釋放掉，但有些時候，個體的力比多極其充沛，這就需要一些意識層面的外在方式來發洩。成年人一般表現為奇怪的癖好，例如：有人有暴食症，有人喜歡收集寶石，還有人喜歡不停地擦拭窗臺等等。怪異行為是力比多的一種發洩方式。兒童有時也會表現出異常行為，例如：破壞欲強烈，對人粗暴野蠻等，這些都是兒童發洩力比多的方式，家長不必太計較。

佛洛伊德的精神分析理論在解釋成年個體的異常行為上

較為適用，而關於兒童的異常行為，佛洛伊德在長期觀察之後提出了兒童成長的五階段論。

兒童成長的五階段論

佛洛伊德根據對兒童的觀察提出，兒童同樣存在力比多，和成年人不一樣之處在於，兒童的力比多在不同時期，湧向不同的身體器官，形成性敏感區。根據大多數兒童的行為表現，佛洛伊德將兒童的成長分為五個階段。

◆ 口腔期

這個時期的嬰兒喜歡透過吮吸、吞咽和咬等行為釋放力比多，該階段主要集中在嬰兒出生到 18 個月時。這個時期，家長要注意不要讓嬰兒吃髒東西，尤其是塑膠玩具，可以購買磨牙棒、奶嘴等用於滿足嬰兒對口腔的刺激。這個階段也是嬰兒體重、身高增加的一個關鍵期，家長可以多做嬰兒喜歡吃的高營養、高蛋白的食物，例如：堅果棒、乳製品等，既有利於滿足嬰兒的口腔欲望，又有利於兒童的身體健康發育。

◆ 肛門期

這個時期兒童的力比多集中在肛門，兒童喜歡排泄，為了實現這一目的，有些兒童會刻意吃很多東西以盡快滿足排泄的快感。這個時期主要在 18 個月～ 3 歲，此時兒童成長很

快，但如果家長不注意引導，兒童就容易養成隨地大小便的惡習。家長要注意教導兒童使用馬桶，以及對馬桶的清潔。這個時期的兒童逐漸開始理解大人語言的含義，這時候家長要注意將社會規則引入兒童的價值觀，例如：有些地方不允許排泄，有些地方要注意形象。

◆ 性器期

這個時期的兒童開始對性器官產生好奇，有些兒童會經常撫摸自己的性器官，但也有一些兒童會表現出對他人性器官的好奇，甚至有的兒童會由於不慎使用尖銳器物導致自身受損。這個時期主要在 3 ～ 5 歲，這時候的家長一定要注意引導孩子形成正確的身體觀念，尤其要注意孩子自身的生殖健康，預防身體被自己劃傷、燙傷，或者防止孩子騷擾他人。

這個時期的兒童由於欲望無法實現，容易將欲望投射到親子關係中，形成戀母或戀父情結。家長需要妥善處理孩子的戀母戀父情結。不要對孩子的性慾感到嫌棄，要引導孩子正確看待性，嘗試教導孩子最基本的性知識，保護孩子不受侵害也不傷害他人。

上述三個階段是個體人格塑造的重要階段，為成年後的人格模式奠定了基礎，因此家長需要格外重視孩子幼年欲望的滿足與釋放。

◆ 潛伏期

這個時期兒童的力比多受到壓抑，沒有明顯表現。潛伏期是 5 歲～青春期，這個時期兒童的力比多分散在身體各處，因此，兒童往往表現得活潑好動、不知疲倦。家長可以多帶孩子進行戶外運動，增強孩子的體能和免疫力，也可以促進孩子和自然的互動，幫助其陶冶情操，形成更加平和中正的性格。

◆ 兩性期

從青春期開始，青少年的性器官開始發育成熟，力比多壓抑逐漸解除，生殖器成為主導的性敏感區。這個時期，家長應向青少年灌輸正確的性教育知識，讓青少年更加了解自己的身體。很多家長恥於談性，但性知識是青少年必須學會的一門課程。家長應該在適當的時間，開誠布公地和孩子談論性教育問題，或者讓孩子觀看適當的性教育主題的紀錄片或影片，幫助青少年形成正確的價值觀，愛護自己的身體，而不是畏之如虎。

送給家長的教養策略

在了解上述理論後，我們對兒童的異常行為有了更清晰的認知 —— 兒童的衝動暴躁源於死本能，是力比多釋放的表現。因此，家長在對孩子的養育過程中，一定要多理解孩子的反常行為，引導孩子形成正確的行為，力比多的釋放要保

持和控制在一個適度的範圍內。

◆ 理解並合理引導

面對孩子的異常行為，家長可以透過合理轉移其注意力，來將力比多的注意朝向改變。家長一定不要大驚小怪，隨意限制、打消孩子正常的力比多釋放的需要。壓抑的力比多會在某個時期集中爆發，帶來更加惡劣的影響。因此，面對孩子的反常行為，家長應不動聲色地引導孩子走向正確、良好的道路，只要家長自己不上綱上線、束手無策或者忽略孩子的反常行為，並且適當地引導和調整孩子的不合理行為，當孩子成長到下一時期時，其奇怪的行為就會逐漸消退。

例如：在孩子關注自己性器官的階段，家長可以給孩子普及一些生理知識，告訴孩子不能把自己的性器官隨意暴露和弄髒，要保持乾淨。如果孩子過分關注自己的性器官，家長則可以嘗試帶孩子去戶外做運動或者做遊戲，透過這種方式來轉移孩子的注意力。如果家長不能很好地引導孩子形成正確的性知識，對性的早熟和理解偏差會導致孩子痛苦的一生。《蘿莉塔》的女主角就是一個很典型的例子。

◆ 時刻關注孩子的變化和行為

佛洛伊德精神分析理論對解釋兒童的異常行為有很好的普適性。家長應在佛洛伊德理論指導下，根據兒童的表現，修正錯誤的教養方式，漸進式地引導和培養兒童朝正確的方

向發展。

　　面對孩子的失控和異常行為，家長要學會透過問題看本原，例如：孩子今天哭鬧是因為未受到家長的關心，還是因為一整天都在房間裡沒有參與戶外活動，所以精力過於旺盛？家長要正確理解孩子行為異常的動因，這是家長做好教育和引導的前提。

第 3 節
認知構建：認知發展期的幫助

如同白紙一般懵懂無知的兒童如何逐漸理解大人話語的意思？逐漸明白火是燙的不能觸碰，理解大人之間的一些互動的含義，理解錢這個概念，尤其是在未接受教育之前，兒童是如何習得對錢的概念，形成對錢的偏好的？如何了解各種食物的生熟、能吃與否？

兒童如何在沒有實踐經驗的基礎上迅速了解現代社會各種現象的原理？如何在沒有掌握語言的情況下了解大人的意圖，和大人交流？換言之，兒童是如何逐漸了解和接受概念的？弄清這個問題，是我們進行兒童教育的基礎。家長只有在孩子上學之前，對孩子獲得知識經驗和概念的過程有所了解，才可以幫助孩子少走彎路，為孩子今後高效正確地接受教育奠定基礎。

如果將人生比作一束光線，教育便決定了這束光線發出的角度。有人雖然自身有種種成長條件上的缺憾，但經過良好的教育、有過豐富的人生經歷後，最終發出耀眼的光芒，

照亮一方；有人雖然天賦很高，但因為沒有受到良好的教育，無法打開人生格局，只能困於一隅，不得解脫，最終暗淡無光，泯然眾人。

　　兒童時期的教育尤為重要，有很多天才兒童因童年接受的教育和訓練不足而最終「泯然眾人矣」的故事。與此相反，也有很多孟母三遷，幫孩子形成良好習慣，最終使孩子出人頭地的勵志案例。

　　兒童的教育，是個體人生路上極其重要的一環，家長不可草率對待；而兒童對於知識、概念的獲得，是兒童教育的第一環節，更需要家長的重視。

　　瑞士心理學家皮亞傑及其日內瓦學派，對兒童的教育和學習進行了深入而系統的研究。他的理論，或許能給我們一些兒童教育上的啟發。

皮亞傑的發展觀

　　皮亞傑在認知發生論的基礎上引入生物學的原則和方法，形成了在心理學裡頗具影響力的兒童認知發展理論，其理論展現了建構主義的思想。他認為，兒童的發展很大程度上取決於兒童和周圍環境的互動關係。個體在和周圍環境的互動過程中逐漸構建起自身的認知發展，並不斷深化對自身內部心理結構的認知。這種逐漸加深理解和認知的過程並不是簡單的 1 ＋ 1 ＝ 2，而是隨著資訊和內容的增加，兒童的

心理結構會逐漸成熟，以致發生根本上的改變。

皮亞傑認為，人的認知是有結構的，他使用基模（schema）來描述智慧（認知）的結構。所謂基模，皮亞傑將之定義為：一個有組織的、可重複的行為或思維模式。舉例來說，嬰幼兒的哭泣、吮吸、抓握這些習慣性行為可以被稱為先天遺傳式基模，並不需要學習就會，是嬰幼兒的生存基本條件，而諸如喜歡吃什麼食物、喜歡怎樣走路等，都是兒童特有的習慣和特點，是兒童透過後天學習習得的基模，這些基模構成了兒童認知（智慧）的基礎。

兒童後續所有的認知和經驗都建構在已有基模的基礎上，只有當已有基模和現實發生衝突，並且兒童經歷過了同化、順應及平衡化的作用後，新的基模才能被納入兒童的知識結構中，促進現有基模的改造，使認知結構得到不斷發展。例如：一個 4 歲的孩子最初會習慣性地抓握物品，但被榴槤、玫瑰等刺傷之後，兒童就會注意到尖銳且堅硬的物品不能輕易觸碰。這樣兒童先天遺傳的基模就被現實經驗矯正了，基模得到了改造。

基模是一種漸進式促進成熟的結構。例如：一個 5 歲的孩子很容易在兩根棍子之間進行長短比較的判斷，而若是要他在三根棍子之間進行選擇，他就很難做出判斷了。原因就是 5 歲孩子的知識結構不夠成熟，難以應對這樣稍顯複雜的

判斷。這提醒家長一定要注意，對孩子的教育是必要的，但過難的任務，會影響孩子現有的認知基模，嚴重者甚至會影響孩子既有認知基模的發展。

皮亞傑認為，任何生物，包括人類，都有適應周圍環境和建構自身認知的傾向。個體對環境的適應分為兩種：同化和順應。同化是指將外部資訊整合到內部認知基模中，例如：兒童看到一隻兔子，將兔子實物同化到自己的認知結構中，形成關於兔子的概念；順應則是指兒童看到圖畫書裡的兔子之後又見到了動物園裡的兔子，於是用實際的兔子取代圖畫書裡兔子概念的構成，或將實際的兔子和圖畫書裡的兔子整合並列到一起的過程。

認知發展階段論

皮亞傑在基模理論的基礎上提出，在個體從出生到成熟的發展過程中，認知結構會在和環境的互動交流中不斷重構。他根據多年的經驗觀察，最終整理了兒童的認知發展階段論，如下所述。

◆感覺動作期（0～2歲）

這一階段的兒童活動的最大特點是會使用手和嘴巴等身體部位去感知這個世界，因此被稱為感覺動作期。在這一階段的後期，兒童會逐漸獲得物體恆存（object permanence）。所謂物體恆存，是指兒童意識到事物不會憑空消失，而是實

際存在的。1 歲之前，兒童面對被遮擋的東西，無法意識到東西還存在這一事實。例如：有心理學家曾做過實驗，他在一個兒童面前將玩偶遮蔽起來，兒童就認為玩偶消失不見了，直到大概 1 歲後，兒童才會意識到，玩偶只是看不見了，並不代表消失了。逐漸獲得物體恆存，是兒童感覺動作期最鮮明的特徵之一。

◆ 前運思期（2～7 歲）

這一階段的兒童言語和概念飛速發展，但兒童的運思方式是朝內的，兒童之前獲得的經驗在這一階段內化成為表象，具有了符號功能。例如：兒童在這一階段會意識到，兔子是一類動物，不止圖畫書裡和動物園中那兩種。

這一階段的兒童的運思方式朝內，也就是說，兒童是以自我為中心的，認為別人眼中的世界和自己看到的一樣，以為世界為他而存在，一切圍繞著他轉。這一階段的兒童的表達以「我怎樣怎樣」為主，兒童有時會在獨處時自言自語，或者和玩偶說話，並認為玩偶是有生命的。一群孩子在一起的時候，他們也會自說自話，但實際上他們彼此之間並沒有什麼交流，皮亞傑將之稱為集體的獨白。這一階段的兒童思維發展健全，但只能做順序運思，沒辦法逆向思維。例如：你問孩子下週要來家裡做客的人是誰，孩子可以很輕易地回答出來，但你若問他上上週這個親戚來過沒有，孩子可能就

很難回答了。

此外，這一階段的兒童的一個重要特點是思維集中化。皮亞傑的實驗發現，兒童只能比較液體的多寡或者容器的高低等單一維度，一旦把兩個維度放在一起讓他們同時比較，兒童就會變得不知所措，思維基模就會受到影響。

◆ 具體運思期（7～12 歲）

這一階段的兒童已經開始接受學校教育，認知能力飛速發展。思維靈活變通，隨著分類、排序的獲得，兒童的思維逐漸去中心化，可以做逆向和互換的邏輯推理。

◆ 形式運思期（12 歲至成年）

這一階段的兒童已經可以脫離事物運思，其思維邏輯是以命題的形式進行的，思維發展接近成年人水準。

皮亞傑認為，所有兒童的認知發展都會經歷上述四個階段，這是一個連續建構發展的過程。但每個人的發展速度不同，時間上可能有所差異。成熟速度、練習和經驗、社會性經驗、平衡化會影響到兒童的認知建構發展過程。

例如：先讓孩子觀察兩塊大小、重量、形狀完全相同的黏土，然後將其中一塊黏土捏成不同的形狀，或香腸狀，或球狀，或幾個小糖果的樣子，詢問孩子黏土的多寡是否有變化。感覺動作期的兒童會認為不同造型的黏土的多寡是不一樣的。有些孩子認為做造型的黏土變多了，因為香腸狀長，

球狀大，糖果狀多，因此黏土變多了。前運思期的兒童則會認為黏土減少了，因為比沒改變形狀的那塊看起來，球狀太小，香腸狀太細，糖果狀太小。具體運思期的兒童則會搖擺不定，陷入上述兩種認知的衝突矛盾中。只有認知發展到第四階段 —— 形式運思期，兒童才會意識到，無論黏土如何改變形狀，它始終是由一塊原料製造的，並沒有增減，因此黏土的質量沒有變化。

在了解皮亞傑關於兒童認知發展的理論之後，家長該如何幫助孩子促進認知結構的成熟發展呢？

送給家長的教養策略

◆ 注意關鍵期

兒童早期，尤其是 0 ～ 2 歲，是感覺動作期，孩子透過自己的身體和外界進行互動交流，這時候家長一定要注意避免讓孩子接觸太嚴厲、深刻的有害感知。

例如：華生在實驗中對小艾爾伯特採取強烈的敲擊，以使小艾爾伯特形成恐懼聯結，這樣的影響一直持續到艾爾伯特去世都沒有消除。因此，在這一階段，家長要盡量避免讓孩子接觸電擊、火焰、高空以及有些親戚自以為親密的嚇唬，這些不良刺激會影響孩子的感知運動的成熟和發展，嚴重者會導致個體終生受到不良影響的傷害，就像小艾爾伯特一樣。

◆ 尊重發展規律

家長要了解，孩子的認知發展是呈階梯狀發展的，是一個循序漸進的過程。家長可以助力加速孩子的認知發展，但不可揠苗助長。過度地難為自己的孩子只會使孩子失去學習的興趣，最終可能導致相反的結果。家長應該在適當時刻給予孩子新的任務目標和刺激，透過適度增加任務難度和環境刺激來助力孩子認知發展。

有一點很重要，在前運思期和具體運思期，家長要注意孩子的去中心化發展。現代社會中的很多「啃老」、「巨嬰」現象的出現都和孩子早期的去中心化有關。如果孩子不能擺脫中心化思維，總認為自己是世界的中心，遇到困難的首選就不是解決問題而是幻想，幻想有人會替他解決問題。如果家長沒辦法幫助孩子解決問題，孩子可能會透過逃避、欺騙自我等方式處理問題，這樣的問題處理方式極其不利於孩子的社會化發展，嚴重者甚至會導致孩子懼怕踏入社會，而成為「啃老族」、「巨嬰」。

如果家長想幫助孩子加速認知發展，應依據認知發展的階段性理論，觀察自己的孩子目前正處於哪一個階段，因「時」制宜，選取合適的方式幫助孩子練習相關的認知思維。

例如：若孩子處於感覺動作期，家長可以多帶孩子出門，接觸大自然，接觸親戚朋友的家庭環境，接觸遊樂場等

娛樂環境等等，孩子獲得的新異刺激越多，獲得的資訊就越豐富，思維發展就越快，認知結構就越穩定。如果孩子處於具體運思期，家長可以嘗試以輕鬆的方式考孩子一些簡單的計算題，例如：「一個玩偶在這一個玩偶在那，其中一個消失了，還剩下幾個玩偶」等類似的問題，透過引導孩子進行簡單的數學計算，來鍛鍊孩子的思維。

如果孩子處於前運思期，家長可以適當給予孩子獨立性，看其自己如何處理問題，對於超出孩子掌控的事情，尤其是孩子自己犯錯導致的問題，家長應該理性處理，不要給孩子一種「你做什麼都是對的」或者「你做什麼我都會原諒你」的錯覺，否則，長此以往孩子便無法擺脫中心化思維，這對孩子未來的發展是不利的。

第 4 節
社會交往：社會化關鍵期的幫助

在兒童成長過程中，除上述的人格、認知、語言習得的主要發展問題外，還有一些成長的問題，例如：兒童如何進行社會化，如何和其他人相處。

家長如何引導才能讓孩子更好地適應成長各階段的新情況？例如：孩子到了上幼稚園的年齡，家長該如何勸說和引導孩子接受新環境，從出生以來就熟悉的環境中走出來，進入需要和陌生人相處的環境中？孩子青春期時，家長又該如何對孩子進行正確的性教育，循循善誘，讓孩子順利接受自己身體的變化？這些都是家長在教育孩子的過程中應該思考的問題。

艾瑞克森結合各學派關於教育和發展的理論，提出了他的心理社會發展理論。他將個體的發展看作一個階段性的過程。

兒童在成長發展過程中會遇到一系列特殊、個性化的問題，艾瑞克森認為兒童成長發展過程中的每一階段都會有其特殊的目標、任務和衝突。各階段之間相互依存，後一階段的發展任務的完成受之前一階段的影響。所有階段的任務目

標都相互關聯，任何一個階段因沒有妥善處理而導致的問題都會使後續任務受到影響。

艾瑞克森的心理社會發展理論受佛洛伊德、皮亞傑等人的影響，因此在理論構建和表述過程中可以看到很鮮明的精神分析學派與認知學派的特點。

艾瑞克森師從佛洛伊德，但並不認為人格及所有活動的根源都是性，而是將研究的重點放在社會文化背景上，換句話說，艾瑞克森是後天學習和社會化的擁護者。

心理社會發展理論

艾瑞克森將人的心理發展分為八個階段，每個階段個體都會面對不同的發展危機，例如：嬰兒期面對信任危機，老年期面對死亡危機。很關鍵的一點是，每個時期的危機處理與個體最後形成的性格是相互關聯的。艾瑞克森認為，如果兒童時期的危機處理得當，會有助於個體處理後續危機。因此，家長雖然難以陪伴孩子的整個生命，但可以未雨綢繆，早做準備，為解決孩子的終生發展危機提供助力。

以下是艾瑞克森關於心理社會發展理論的具體內容。

◆ 信任對不信任（0～2歲）

嬰兒對陌生的世界充滿懷疑，嬰兒的目標是建立對周圍世界的基本信任。這需要父母，尤其是母親，給嬰兒提供充足的食物和撫愛。母嬰之間健康、充分的交流，有利於嬰兒

形成對世界基本的信任，因此家長需要十分重視自己和嬰兒的互動交流，不要給嬰兒留下母親不講誠信，自己要被拋棄的印象。[001]

心理學中有一個實驗，測試兒童面對母親離開之後的表現。實驗者根據實驗結果將兒童分為迴避型、依賴型、矛盾型和信任型四種，其中只有信任型兒童未來的性格養成最健康，社會化最順利，其他三種類型或多或少都會存在一些問題。尤其矛盾型兒童，不會表達自己的需求，對世界充滿懷疑，性格內向孤僻。兒童之所以會養成這樣的性格，是由於其生命早期，父母對兒童的關心不夠，或者辜負了兒童的信任，導致兒童早期對外在世界的信任感沒有建立起來。因此，父母在教育處在生命早期的嬰幼兒時，一定要非常注意兒童信任感的建立。

◆ 自主獨立對羞怯懷疑（2～4 歲）

在這一階段，如果上一階段的危機得到妥善解決，兒童會表現出極高的好奇心和能動性，希望在父母、外人面前表現自己，突出自己的存在感。這時候父母要注意不要壓抑兒童想要表達的需求，對兒童積極的表現要給予肯定和鼓勵，對兒童破壞消極的表現要給予批評和改正。父母只有對兒童的表現做出足夠的正確回饋，才能幫助兒童盡快度過危機。

---

[001]　［美］戴維・邁爾斯・社會心理學・

在這一階段中，兒童如果對於表現和交流的需求沒有得到滿足，就會產生羞怯的情緒，以後在面對正式場合時的表現就會很差，這就是為什麼有的兒童怕人、不願外出、一上臺就說不出話或講話結結巴巴，而有的兒童能自如表現的原因。父母想要兒童有一個開朗大方的性格，這一階段一定要注意引導兒童的表現欲。

◆ 主動對內疚（4～5 歲）

這一階段的兒童的活動範圍逐漸超出家庭範圍。開始追求自我利益和動機，對應皮亞傑所說的自我中心傾向。這時候，兒童如果在活動中發揮了一定的作用，就會覺得自己極其重要和關鍵，今後的類似事件就會積極主動地去參與。

但有些時候，兒童受限於自身力量、體格、智力等原因，無法參與某些活動，如除草、做家事、洗衣服、幫家人記錄資料等等，兒童可能會因此產生內疚感，這時候家長應該跟兒童溝通，解釋為什麼不讓兒童參與，來舒緩兒童的內疚感。這樣，當個體獨自完成社會化時，他就會有足夠的主動性去參與活動，而不會對任何事情都毫無興趣，消極地對待生活。此外，家長要適時放開對兒童的局限，有些事情如拖地、掃地，兒童有能力去做時，家長不要代勞，更不要過多干涉兒童的努力，不然兒童會缺乏主動性和積極性。

◆ 勤奮對自卑（5 ～ 12 歲）

這一階段的兒童開始進入學校讀書，逐漸了解達成目標和努力之間的關係，形成一種成功觀念。本階段的兒童需要面對家庭、學校以及同伴之間的各種問題和挑戰，只有努力協調好成功和努力之間的關係，兒童才能保持正常生活。但隨著社交範圍擴大，同伴間進行相互交流的重要性與日俱增，兒童需要完成的任務難度和壓力也與日俱增。

兒童如果能順利完成活動，就會增強自信心，從而更加願意接受任務和挑戰，而兒童如果遇到挫折和困難，則會產生自卑感。成功的體驗有助於兒童變得積極主動，更加勤奮，挫折則可能加劇兒童的自卑。因此，家長在這一階段要注重兒童心態的培養和調整，對兒童遇到的困難任務進行分析和調整，對兒童的努力給予肯定。家長對兒童的失敗和挫折的分析與開解，有助於兒童克服困難，走出自卑。

◆ 身分認同對角色混亂（13 ～ 19 歲）

這一階段的孩子處於青春期，最大的特點是第二性徵開始發育，男孩的喉結開始形成，女孩的胸部開始發育等。這個時候孩子思考的問題是「我是誰」，我在這個社會中扮演的角色是什麼，以及男女性別角色的區別，孩子會陷入混亂的狀態。這時候家長要多和孩子溝通交流，了解孩子的想法以及苦惱，開解孩子。

這一階段是孩子性格、觀念、能力、價值觀形成的關鍵期，又伴隨著諸多社會角色的衝突和相容，家長對孩子的生活和想法應該給予足夠的關心，及時與孩子溝通和交流。孩子在家長的幫助下能夠更快地適應角色，處理好角色混亂的問題，這樣孩子形成的性格、價值觀、思想等在未來也能夠更快地幫助他適應社會，成為對國家、社會、家庭有用的人。

◆ 親密對孤獨（20～39歲）

這一階段處於成年早期。此時，個體如果能在人際交往中建立正常的人與人之間的友好關係，就會形成一種親密感。這種親密感是指個體願意和他人分享自己的看法並做深層次的交往。個體會在和他人尤其是有親密關係的人的交流中學會分享和付出。如果個體不願與他人分享，以及其時間被工作等事項完全占有，個體就會陷入孤獨。

◆ 愛心關懷對頹廢遲滯（40～64歲）

從這裡開始，父母能參與的個體的生活就極其有限了，個體總是獨自面對生活。這一階段個體會締結親密關係，並且繁衍後代。這裡的繁衍除了養育後代的意味，還有個體創造價值、產品等的任務。隨著時間的流逝，個體的創造力會逐漸下降，身體狀況也會日漸衰弱，個體面臨停滯的狀態。這一階段發展順利的個體表現為家庭關係和諧，富有創造力；反之則只在意自己，對他人及後代冷漠消極。

◆完美無缺對悲觀沮喪（65 歲以後）

這一階段的個體處於老年期，受之前階段的影響極大。如果個體之前每個階段的發展危機都順利度過，個體在這一階段對自己的人生做總結時就會獲得自我滿足感，覺得一生已然完美。如果個體沒有辦法順利解決之前生命不同時期的危機，個體在對過去人生做總結時就會覺得充滿遺憾，加上死亡近在眼前，個體便會感到絕望。

從上述八階段心理社會發展理論來看，個體的成長是有階段性地解決新問題的過程。例如：個體處於青春期時，會出現多重角色混亂：學生、少年、男／女性等。如果孩子不能很好地認可自己的身分，如在性別角色上產生迷茫，就可能受到整個社會的譴責、同伴的欺辱、老師的不理解，這都會給孩子尚不成熟的心智造成巨大的衝擊。如果孩子遇到類似性別角色混亂的狀況，家長應該在第一時間給予孩子幫助，和孩子一起去分析他的想法和思考，尊重孩子的選擇，支持孩子的看法，只有這樣，孩子才能獲得長足的發展和進步。

艾瑞克森理論中最重要的概念是相互影響：每個階段，個體形成的性格、觀念都會對接下來的階段產生影響。也就是說，每個階段的先前階段都會影響到後續階段，這一點實際上強調了嬰幼兒時期的重要性。因為嬰幼兒時期會影響孩

子未來發展的每一個時期。這也是為什麼我們經常會說「三歲看大，七歲看老」。嬰幼兒時期的教育和培養會對兒童的性格、觀念產生極大的影響，因此很多諮商心理師都會要求來訪者著重回憶童年經歷，透過重現童年經歷來矯正個體的現實問題。

了解心理社會發展理論之後，家長該如何幫助孩子成長呢？

送給家長的教養策略

◆ 理解關鍵期的重要性

家長要充分理解嬰幼兒時期教育的重要性，早期兒童對於其生活經驗或許沒有記憶，但這些生活經驗對兒童性格造成的影響潛移默化，難以估量。兒童即使在成年之後意識到自己的局限性，也很難再改正了，究其根本就在於童年經歷造就了其性格的底色，個體無法突破。

例如：有一個脾氣急躁，做事馬虎大意的青年，總是懊惱於自己的粗心大意，沉不住氣，卻找不到自己性格如此的原因，更找不到解決的辦法。後來他在別人的開導下才發現，問題就出在自己的童年早期。這個青年剛出生時家庭正遭遇變故，居無定所，而且自己有差點被人綁架的經歷，雖然後來被找回來，但這次特殊深刻的經歷烙印在青年的性格中。他性格急躁是因為居無定所，任何事只要現在能完成，

他都希望能盡快完成，因為過去了就不會再有機會去完成
了。他脾氣暴躁沉不住氣，是因為童年早期遇到了很多惡
意，遭遇了很多壞人壞事，壞脾氣是他保護自己的辦法。

家長朋友可以看到，正是早期童年經歷對個體的影響導
致了其成年後性格上的缺陷，以及生活中的種種不如意。摩
根·斯科特·派克的《少有人走的路》一書中記錄了作者做
心理諮商幾十年來遇到的一些實際案例，他發現大多數人感
情、生活不順利的根源都在於個體童年的遭遇。

總結來說，家長朋友一定要重視滿足孩子早期的合理需
求，這樣才能幫助孩子形成健康健全的性格。

◆ 根據發展規律轉換策略

家長要在孩子成長的不同時期關注不同的任務，有些家
長很容易陷入這樣的誤區：我只要注意孩子的功課，未來孩
子就能成長為一個性格開朗大方、做事認真嚴謹、情緒平和
穩定的成年人，但實際上，孩子的心理健康和身體健康一樣
重要。

所以，家長不應該把所有的心思都放在如何讓孩子好好
讀書上，也要多和孩子溝通感情，交流思想。只有因時而
變，弄清楚孩子在現有階段需要什麼樣的幫助再著力，才能
真正幫到孩子。

小結

第一章我們介紹了兒童成長過程中非常關鍵的概念、語言、性格和心理等的發展過程。透過了解四位心理學家的理論，我們可以發現：兒童的教育和培養是一個細緻入微的工作，家長對孩子的培養任重而道遠。

我們發現，每一位心理學家都提到了兒童成長關鍵期和嬰幼兒階段性培養的重要性，這提醒我們的家長，要注重孩子在嬰幼兒時期的培養，不要為了省事，將孩子交由長輩來帶，這樣會導致孩子在早期無法受到足夠的良好刺激和教育，不利於孩子性格的養成以及和家長的溝通交流。如果家長一定要把孩子交由長輩來帶，家長一定要經常和父母通話，和孩子互動，透過這種方式彌補自己不能在身邊教育和引導孩子的遺憾。

生命早期的培養和教育就好像一束照亮前路的光，家長的培養和教育到位，孩子自然會形成樂觀自信、勤勞勇敢的性格，孩子成年之後的工作生活也會更加順利。如果忽視孩子的正常需求，孩子的心理可能就會產生或大或小的缺陷，成年後就容易出現怯場、脾氣暴躁等問題，生活和工作會更加艱辛。

　　而且，我們可以看到，孩子成長過程中每一階段的發展任務都不一樣，例如：0～1歲既是感覺動作期，又是口腔期，也是信任發展的重要時期。家長要注意結合教育理論給出的教育導向，將孩子需要完成的目標整合起來。例如：孩子在口腔期需要刺激口腔，感覺動作期需要多接觸新鮮刺激的東西，信任發展的目標需要家長給予孩子足夠的關心，家長可以透過多和孩子說話，刺激孩子的口腔運動，多和孩子介紹新異刺激的東西，並鼓勵孩子表達以建立信任感。這樣能同時實現多個發展目標，起到一舉多得的作用。

　　對於養育關鍵期的介紹，是為了強調在個體生命早期對其進行正確教育和培養的重要性，強調關鍵期是為了提醒各位家長朋友不要忽視嬰幼兒早期的培養。樹苗栽下的時候就位置正確，未來更容易生長得挺拔高大；若位置不正，未來要矯正和修改就需要付出更大的努力。

第一章

兒童青少年的養育關鍵期

第二章
關於行為習慣的正向教育

良好的行為習慣能讓孩子學習事半功倍，

成長的路上，更加從容不迫。

導語

個體能否有一個光明的未來，一方面取決於個體在成長過程中形成的性格、價值觀和獲得的見識，另一方面取決於個體在成長過程中是否養成了良好的行為習慣。良好的行為習慣會幫助個體塑造一個良好的形象，保持身體的健康。此外，良好的行為習慣有助於個體和他人進行交往，例如：形成守時、乾淨、尊重他人、聆聽的習慣，這樣的行為表現往往會讓個體在與他人交流互動的過程中得到他人的認可和讚許，從而幫助個體更好地適應社會生活。

如果將性格、價值觀等的培養視為個人成長的內在修練，那麼，行為表現就是個人成長的外在功夫。內功需要重視，一點一滴，努力修練，外功也需要注意，只有內外兼修，個體才可以在和他人交往時遊刃有餘、從容不迫。

本章不對具體心理學家的理論做過多闡述，而是採取心理學視角對兒童成長過程中比較常見的行為表現，尤其是負面行為表現，如撒謊、打人、哭鬧和急躁等進行解釋與分析，並從心理學目前已有的研究結論中提取適當的意見，幫助家長對孩子的行為有更深刻的理解和更恰當的引導。

具體來說，我們會在第 1 節講述兒童常見的哭鬧行為的成因。我們將從演化心理學的角度來分析兒童為什麼總是習慣性地哭鬧，哭鬧背後是怎樣的心理機制，以及家長該如何引導孩子在適合的情境中哭鬧而不是遇事就哭鬧，沒有任何承受能力。我們會具體了解到，哭鬧是如何伴隨人類的演化被保留記錄在基因中的。哭鬧是我們最好的生存本能，尤其對嬰幼兒而言。希望家長們可以從演化心理學中找到與孩子相處、矯正孩子哭鬧行為的思路。

第 2 節我們會具體介紹兒童發脾氣、脾氣怪異、毛毛躁躁以及急於求成的壞習慣是如何形成的，並透過介紹相關的心理學實驗來說明延遲滿足和個體未來成就有著怎樣的關聯。我們會和家長探討，在孩子的管教過程中，家長應該如何避免壞習慣的養成。這一章會對個體的某些壞習慣做具體分析，家長如果希望孩子避免這些壞習慣，除了在日常生活中透過具體行為引導孩子擺脫壞習慣，還可以有意識地教導孩子直面自己的問題，有時候面對問題比逃避問題對解決問題更有幫助。

第 3 節我們會探討，兒童為什麼會撒謊，這是兒童成長過程中形成的最惡劣的壞習慣之一，也是家長最頭痛的行為習慣之一。這一節我們會討論為什麼兒童會形成撒謊的習慣以及如何矯正兒童的這種行為，我們會延伸了解佛洛伊德關

於個體心理防禦機制的相關理論，對個體在成長過程中可能出現的負面的行為表現做一個具體、詳細的介紹。

第 4 節我們會介紹對於兒童打人這一壞習慣的相關解釋，其中社會心理學家關於行為習得的看法既能解釋兒童打人、霸凌他人這一惡劣行為的成因，也能解釋兒童為什麼會撒謊。我們會嘗試介紹打人 —— 作為霸凌的一種方式 —— 是如何出現在兒童交往過程中的，以及如何去避免兒童習得這樣的壞習慣。

第 5 節我們會介紹關於條件反射的實驗，該實驗能很好地應用在兒童行為習慣的養成引導中，希望家長能從中獲得啟發。此外，還會介紹包括正負強化在內的一些心理學行為養成機制。為家長矯正孩子的壞行為表現、形成良好的行為習慣提供一些思路。

最後，本章中提到的佛洛伊德的心理防禦機制和社會心理學家發現的孩子行為習得與社會學習，大多可以用來解釋孩子常見壞習慣的成因，例如：霸凌本身也是個體的一種心理防禦機制，只是為了進行詳細的分析，將這些壞習慣分別放在不同的小節中做介紹，希望家長可以從中找到適合的成因來解釋孩子的壞習慣。

而最後一節行為矯正，會從如何做的角度給家長一些中肯的、切實可行的方法，去避免孩子形成壞的行為表現。但

家長也需要清楚，行為的矯正和成因解釋受很多因素的影響，家長在對孩子的行為進行分析時，切不可簡單粗暴地進行歸因和解釋，一定要和孩子充分溝通交流，在了解孩子想法的基礎上因勢利導，最終幫助孩子塑造良好的行為習慣。

第 1 節
應對哭鬧：個體演化的生存本能

　　初為父母的家長，可能會對孩子的很多行為感到不可思議甚至厭煩，除了前文所述的蠻橫、暴躁的性格，孩子在行為層面上也存在很多令人感到驚詫的壞習慣。

　　對於愛好文靜、溫柔性格的家長來說，嬰兒的哭鬧可以說是養育子女最難適應的時刻。嬰兒的哭鬧經久不息，聲音尖銳洪亮，總讓人忍不住心生煩躁。但嬰兒在哭鬧間要表達的意思，家長真正理解了嗎？

　　如果家長不能及時知悉嬰兒哭鬧的本因，不能及時察覺嬰兒哭鬧的含義，哭鬧就很難停息。家長對孩子哭鬧的無可奈何和厭煩很大程度上會影響到自己與嬰兒的溝通交流，甚至影響孩子未來的發育發展，因此，理解孩子的哭鬧對於家長的教育、孩子的未來發展都至關重要。

　　那麼，孩子的哭鬧究竟是一時受到驚嚇所致還是有所需要？如何辨別孩子哭鬧的原因？又應該如何引導孩子逐漸放棄哭鬧的行為習慣，轉向更加健康和積極的行為表現？讓我

們帶著問題去了解演化心理學的相關理論，相信演化心理學
會給家長很大的啟發。

演化心理學的基本理論

　　演化心理學誕生於 1980 年代，是一門綜合了心理學、生
物學和其他社會科學的學科。演化心理學試圖將心理描述為
一整套個體用於處理訊息的裝置，這些裝置經由演化和自然
選擇，用進廢退，逐漸形成了現代人所熟悉的器官和心理結
構。演化心理學的基本觀點如下。

◆ 個體的過去是理解其心理機制的鑰匙 [002]

　　阿德勒在《自卑與超越》中曾提出過這樣的觀點：
如果在很早的時候，兒童的生活方式就已經固定了，而我
們對此有豐富的經驗，那麼我們就可以預見這個兒童在生
活中的種種表現。演化心理學也有類似的觀點，該理論認
為，現代人類的大腦是漫長歷史演化而來的產物，因此要
想了解個展現在的行為，就必須追溯個體過去的經歷，甚
至是整個人類族群發展演化過程中產生的種種心理結構。
越是共性的人類心理機制，就越能從人類演化的歷史中發
現其根源。

---

[002]　　［美］戴維・巴斯・演化心理學・

◆ 心理機制是由各模組組成的，功能的分解是了解心理內部機制的重要途徑

與格式塔心理學不同，演化心理學更偏向機能主義，認為人的行為表現背後都需要一定的功能來支撐。人的心理具有模組性，每種心理都有其獨特的功能。從程序上來講，演化心理學解釋行為表現的步驟如下：首先是分析行為表現的心理成因；其次是根據心理成因推測心理功能；再次是根據功能尋找形成功能的心理機制，根據心理機制追溯其在歷史演進過程中的演化史、選擇史，以致最終找到其終極根源；最後是根據心理機制和終極根源對心理現象做出解釋。

◆ 心理是一系列適應器

演化心理學認為，人的心理是「作用於我們狩獵－採集時代祖先身上的演化過程所產生的、演化而來的適應器」。人在演化過程中優勝劣汰，器官用進廢退，逐漸形成了有助於人類生存繁殖的身體機能。心理作為身體機能之一，同樣是人類演化演進過程中根據環境，逐漸適應和調整，並最終形成的機能系統。

◆ 人的行為表現是心理機制和環境相互作用的結果

心理機制是解釋人類社會行為的重要因素，但環境作為背景因素的作用也不可忽視。演化心理學反對諸如行為主義的環境決定論，他們主張，人的行為是在內在心理機制和外

在環境相互作用的互動過程中逐漸形成的。

如果將心理學看作研究人的心理的一門學科，那麼演化心理學就是使用演化論、生物學和人類社會發展史作為研究工具的心理學分支。

我們以人類對蛇、蜘蛛等滑溜溜、多腿且毛茸茸的動物的噁心和恐懼為例。對上述兩種動物的恐懼和迴避是人類征服自然過程中極其慘痛與深刻的教訓導致的。

試想遠古時代，缺衣少藥，醫療設施尚不健全，任何小災小病、頭痛腦熱，稍有不慎就會使人喪命。而大自然存在的各種猛獸讓人類的處境更加艱難。毒草尚有神農嘗試，僥倖不死之下人們開始逐漸熟悉藥草性理，此後人類才得以免受毒草之苦（當然這只是傳說），但毒物就讓人難受了，比如上述的蛇和蜘蛛，有的時候你還沒看清牠們就被咬了，等到全身疼痛潰爛，你都不知道怎麼回事，再或者就是被咬之後迅速死去，落入毒物之口，活著挺過毒物之毒的人終究寥寥無幾。人們看到別人被蜘蛛和蛇咬傷之後的慘狀，以及被蛇或者蜘蛛咬了之後僥倖不死的個體，一定會對蛇和蜘蛛敬而遠之，並教育後代，滑溜溜、多腿且毛茸茸的動物，不可以碰。久而久之，人類的基因就會逐漸改變和適應這樣的經驗，最後就會改變基因的性狀，從而對蛇和蜘蛛產生先天的恐懼。

　　這樣的例子還有對深度的恐懼、對近處突然變動的恐懼等等。可以說,正是恐懼保全了人類族群,使之可以延續生存。再舉個例子,人類演化出一種叫做噁心的狀態,身體不舒服會想吐,甚至會出現嘔吐、暈厥的狀態,這樣的狀態,在動物身上鮮少見到,一般動物除非瀕臨死亡,不然不會出現這樣的狀態。

　　而噁心想吐在人類社會中是一種較為常見的狀態,尤其是對於孕婦來說,原因在於,孕婦處於孕育期,透過噁心嘔吐這種方式將有毒和有害物質從食物中剔除,以保證處在健康、安全的狀態中孕育後代。

　　從上述兩例我們就可以看出,演化心理學視角下的心理機能多是保證個體生存、整個族群能夠保全的保護機制。那麼嬰兒的哭鬧,對於整個族群的發展和個體的保全又有怎樣的意義呢?

　　我們先來了解一個概念,叫做物種成長潛力,就是一個物種在個體生命成熟過程中的可塑性和成長性,以及成熟個體的差異大小。

　　例如:小馬剛出生一兩個小時就能站立穩定,不出三天就能小步奔跑,而人類在嬰幼兒時期毫無自保能力,並且這樣的脆弱狀態會持續很長時間;藏羚羊幼崽剛出生三四個小時就會學著蹦跳和奔跑以躲避捕食者的獵食,而人類直到一

兩歲才能學會行走，四五歲才能穩定而快速地奔跑；鴨子出生沒多久就學會游泳，而人類會隨著年齡的增長逐漸喪失游泳的機能，除非重新學習。

這些物種先天天賦很高，並且這些天賦以一種固定的方式被保留下來，而人類在嬰幼兒時期十分脆弱無力，但人類最終成了萬物之長。原因便在於，人類的成長潛力高，也可以說是物種可塑性強。

試想，藏羚羊花了幾個小時學會奔跑，但終其一生就只會奔跑、覓食和繁殖，即使有天賦異稟的藏羚羊天才開始嘗試「歌唱」，也會被時不時偷襲的獵食者追趕得上氣不接下氣，逐漸喪失了對發出怪聲音（歌唱）的興趣；鴨子出生沒多久就學會了游泳，但終其一生，也只會走路、游泳、覓食和交配，即使有鴨子智者開始思考生存的意義，但忙碌的生存進程和被屠殺的命運也沒有辦法讓牠得到一個滿意的答案；試想一匹神駿異常的汗血寶馬，即使努力鍛鍊，終其一生也只能是不停地奔跑，亦如牠出生沒多久時的狀態，即使牠是同類中的佼佼者，是英雄，但牠依舊不能欣賞藝術，不懂什麼是美。

人類雖然弱小，但人類會透過不停地進行後天學習逐漸使自己變得強大。人類中既有能創作傳世名畫的藝術家，也有能雕刻出傑作石像的雕塑家，更不用說開拓人類生存邊界

的物理學家、宇宙學家，還有創造保護人類的盔甲、武器的工匠，以及能指引人類前進方向的學者、哲學家等等。我們出生時弱小柔弱，毫無抵抗惡劣環境的能力，但伴隨著個體的成熟和不斷的學習，我們會逐漸強大，最終建立起人類自己的家園。我們沒有鴨子游水那麼自然，但我們發明了船舶、潛水艇，比鴨子游得更遠、更深；我們沒有千里馬跑得那麼快、那麼持久，但我們發明創造了腳踏車、汽車、捷運，我們可以以更快的速度跑到更遠的地方；我們沒有藏羚羊那麼擅於跳躍和奔跑，但我們擁有吉普車和跑車，我們可以比藏羚羊跑得更快，更適應顛簸的地形。

韓愈在〈勸學〉中寫道：「君子性非異也，善假於物也。」人類生命早期的脆弱終能成長為成年期擁有多元化創造力的強大。兒童的哭鬧則是保護人類度過脆弱的生命早期的一種很好的保護機制。

兒童的哭鬧既有先天遺傳的部分，也有後天學習的部分。

我們先來看先天遺傳的部分。正如之前講述的，人類生命早期極其脆弱，惡劣的生存環境、無孔不入的病毒、獵食者、匱乏的食物、疏忽的照顧等，任何小意外都可能導致兒童夭折。人類想盡辦法只是為了安全度過生命早期，發出叫聲是為了吸引能力更強大的成年個體來幫助自己度過目前的難關，這不只是人類會使用的生存策略，其他動物一樣也會使用。

　　例如鳥類，小鳥不會飛之前，全靠父母餵養，叫得越大聲、擠得越靠前的雛鳥獲得食物的可能性就越大，生存下來的可能性也就越大。再比如家豬，擠得最用力的、發出聲響最大的小豬仔一定吃得又肥又壯，而不吵不鬧的小豬仔可能沒多久就餓死了，因為母豬的乳量不夠所有的小豬仔吃飽；即使是我們之前提到的馬、鴨子、藏羚羊等，在面對危險時同樣會發出叫喊以期獲得父母的幫助。

　　於是，人類在生命早期採取哭鬧的策略以提高生存機率這一點也就不讓人驚訝了。從演化史來看，假設遠古時代人類成年後平均每年育有一個子嗣，但有些孩子不喊不叫，遇到發燒、飢餓、毒蛇等威脅時，可能就無聲無息地死掉了，而有些孩子遇到危險時就會喊叫，即使再小的威脅也會在家長的幫助下被消滅於萌芽之中，這樣的孩子的生存機率更大。這樣延續幾代之後，喊叫更多的個體的生存機率遠高於喊聲小或者不出聲的孩子，慢慢地，哭喊就作為人類的一種心理機制、一種生存必備本能被保存延續下來。

　　幼年時期的哭喊有助於兒童解決噎住、卡住、摔傷、跌倒、燙傷、發燒、飢餓等可能導致兒童死亡的生存危機，但隨著年歲的漸長，有些兒童的哭喊並沒有隨著年齡增加而退化，相反，有些哭鬧反而變得更加頻繁，這是為什麼呢？

　　從演化心理學的角度來看，兒童的哭鬧行為一定是為了

獲得某些有利於自己生存的東西，但具體這樣的哭鬧是如何保持的，以及兒童如何了解哪些東西透過哭鬧可以獲得，對這些東西的需要又是如何和哭鬧連繫在一起的，這就需要其他心理學分支理論來做解釋了。

我們先來看為什麼有的兒童會保持哭鬧到成年，而有的兒童則在青春期之前就褪去了哭鬧的習慣。社會心理學有一個理論叫社會學習，簡單來說，就是兒童的社會化是透過觀察模仿他人的行為實現的。例如：有的兒童看見他人吸菸，就會模仿拿菸的動作，還有的兒童看見大人罵髒話，讓對方很生氣，就學著在爭吵中罵髒話，這些都是負面的行為習得的例子。哭鬧也是一種負面的行為，尤其是當兒童將哭鬧視為一種滿足一切不合理需求的有效手段時，哭鬧就不會伴隨兒童的成長而逐漸消退。

兒童習得「哭鬧可以解決問題」的方式有兩種：一種是觀察模仿其他兒童，當他看見其他兒童哭鬧後其不合理需求得到滿足時，他就會習得這樣的經驗並將之內化為自己的行為準則；另一種則是根據自己的行為經驗而逐漸形成的，例如：兒童想買昂貴的玩具，父母不允許，這時候兒童要賴打滾，各種哭鬧，家長礙於面子同意也好，親戚朋友見此情況代付也罷，只要兒童有過幾次這樣的經歷，他就會形成哭鬧可以使父母屈服並滿足自己的不合理需求的信念。透過上述

兩種方式，兒童形成了哭鬧的行為表現，哭鬧從原本的生存本能變質為一種滿足不合理需求的強迫和威脅。

　　哭鬧作為人類生命早期的生存策略和其他動物的叫喊有異曲同工之妙。我們可以透過觀察發現，剛出生的嬰兒進行哭鬧是為了獲得食物，解決生理問題，只有這些問題得到妥善解決，嬰兒才能健康成長。嬰兒階段對於哭鬧行為的解釋尚可以用演化心理學的視角來解釋，但三四歲的兒童仍舊哭鬧不停，就不是演化心理學能獨自解釋的了，尤其是當他哭鬧的原因是想看卡通、買玩具等非生存必需的要求時，社會學習理論或許更加適用。

　　綜上所述，兒童哭鬧的原因可以從兩方面來解釋：如果兒童哭鬧的原因是生理問題，如飢餓、排泄、受傷等，這些是正常而且有助於兒童存活的行為，父母需要鼓勵甚至刻意引導，讓兒童養成這樣的習慣；如果兒童哭鬧的原因是打鬧、玩耍等不合理需求，那父母應該酌情選擇忽視與回應。

　　我們經常會在公共場所看到哭鬧不止的孩子，比如：在車站碰見一個小孩子哭得撕心裂肺，躺在地上打滾，他的媽媽一直往前走，裝作沒有看見，他就哭得更大聲，最後他的媽媽沒辦法只能回頭，和孩子溝通。如果孩子在公共場合已經哭鬧到這種程度，家長應該及時安撫，以避免出現更大的

意外，但另一方面也需要反思自己的教育哪裡出了問題，以至於孩子在公眾場合表現得如此任性。

送給家長的教養策略

說完孩子為何會哭鬧之後，我們回到實際問題上來：如何改變孩子不好的哭鬧行為，尤其是避免孩子在公共場合哭鬧不止的行為，引導孩子遠離壞習慣呢？

◆ 辨別孩子哭鬧的原因

孩子的哭鬧行為究竟是出現了威脅其生存的飢餓問題、排泄問題，還是受傷問題。在確認沒有涉及上述孩子生存健康的問題的情況下，家長就可以放緩節奏，和孩子多溝通交流，弄明白孩子的真實意圖，這裡可以根據當前所處環境先做一個簡單的預判。

例如：在遊樂場，孩子哭鬧不止很大可能性是因為自己在想要玩的項目或者想要吃的食品或者好奇的活動上沒有得到滿足，這時候家長要結合實際情況來考慮。如果和其他親戚朋友一起來遊玩，可以要盡量滿足孩子並不過分的要求，盡量不要讓孩子形成親戚朋友會滿足他一切不合理的需求的認知，這樣是不利於孩子遠離壞習慣的。尤其當孩子發現家長不會慣著他們而其他人會滿足他們的不合理需求時，問題就會從家庭教育，偏向孩子的社會依賴，這是很棘手、很難處理的問題。如果孩子過於無理，家長則要先和親戚朋友溝

通，說明這是孩子教育問題，不要讓孩子獲得外在幫助，這樣在處理孩子的哭鬧問題時，才不會出現用力過猛引發其他問題的情況發生。如果是在家中遇到孩子哭鬧不止的現象，在排除生存危機之後，家長應該耐住性子和孩子溝通交流，無傷大雅的需求可以適當滿足，如果要求實在太苛刻無理，家長可以採取轉移孩子注意力，將孩子的需求源從孩子的視線中移除等方式來解決孩子的哭鬧問題，但一定要漸進溫和地實施戒斷行為，太過直接和粗暴的拒絕會給孩子留下陰影，對孩子的未來發展不利。

◆ 激濁揚清，合理疏導孩子的哭鬧

透過上述分析，我們會發現，對孩子的教育一定要以耐心為主。孩子會有很多想法，有好有壞，家長並不能要求孩子始終向上努力。在該玩的時候玩，該努力的時候努力，就是給孩子最好的教育。

家長應該在力所能及的基礎上盡量滿足孩子並非有害的需求，例如：想出去玩，想探索新事物。從心理學上說，父母無條件的愛是孩子形成良好性格和行為最重要的成因，也是孩子成年後生活穩定的關鍵影響因素，新異刺激也會促進孩子腦神經的發展。所以家長在孩子哭鬧時，在辨別清楚孩子面對的問題之後，對於孩子探索世界的需求應盡量給予滿足。

第 2 節
應對脾氣：性格的張力和死本能

你一定有過這樣的經歷：一個朋友的婚宴上，桌上還沒上完菜，孩子就嚷著吵著要吃東西，急不可耐。菜剛上來，孩子就劈里啪啦地把東西全倒進自己碗裡，早早吃完了又開始東奔西跑，弄得一片狼藉，摔倒或者撞碎東西了就號咷大哭，絲毫不顧及主人家待客的目的。又或者外出踏青，孩子在前面跑得極快，但來來回回跑來跑去，不到半程就精力耗盡，變得委靡不振，後面全得靠大人背著抱著，把大人累得汗流浹背。再比如上學的孩子，上課後連三分鐘都待不住，不是動動桌子或椅子腿，就是玩弄橡皮或鉛筆，再或者三三兩兩開始說閒話，老師說什麼都不聽。孩子回家寫作業時就更是讓家長抓狂了，寫一個字就要削鉛筆，鉛筆快削好了就拿起玩具開始玩，寫了一下午也沒把半個小時能寫完的作業搞定；再或者寫著寫著非要看電視，死活不願意寫了，看電視一看就看到晚上，作業當然沒寫完，你要關電視他就和你哭、鬧、發脾氣，你讓他寫作業他就裝傻，說再看一下下。

我想做過家長或者見過親戚朋友帶孩子的人一定都遇到過類似的場景。為什麼孩子的耐心總是特別差，是所有的孩子都這樣，還是只有個別孩子這樣？孩子發脾氣、沒耐心，在以後的成長中是否會導致什麼嚴重的問題，這可能是家長最關心的問題之一。本章藉由一個經典的心理學實驗來探究上述問題。

延遲滿足實驗

1960 年代，美國史丹佛大學心理學教授沃爾特·米歇爾設計了關於延遲滿足的實驗，該實驗在史丹佛大學附近的一所幼稚園裡展開。實驗的具體內容是將 4 歲左右的孩子帶到一間簡單的實驗室中，實驗室裡只有一張桌子和桌上放著的幾顆孩子很喜愛吃的糖果。實驗室在角落設置有隱藏式攝影機，以觀察孩子們的一舉一動。

實驗人員會告訴每一個前來的孩子，桌上的糖果他們現在就可以隨便吃，但孩子如果可以等待 20 分鐘，等實驗人員忙完回來再吃糖果，則可以獲得翻倍的糖果作為等待的獎勵。

實驗人員在確保孩子理解實驗的流程後就走出實驗室，在另一個房間裡透過監控畫面觀察孩子的反應。孩子的反應有很多種：有些孩子在實驗人員剛走時就沒忍住開始吃糖果，之後過了一段時間，開始變得不耐煩再次剝開糖紙吃下

一顆，時間結束糖果就吃完了。實驗人員回到實驗室問這類孩子時，他們多數表現得極其不友好：因為他們知道自己錯過了獎勵，還有些會不好意思地朝實驗人員微笑。還有些孩子在實驗人員走之後一直嘗試睡覺、玩手指等，透過這種方式將自己的注意力從糖果上轉移開，有些孩子成功地做到了等待 20 分鐘，但還有一部分孩子在大概 15 分鐘時就忍不住開始吃糖果了，並且很快就吃完了。還有一部分孩子透過唱歌、自言自語，甚至嘗試離開實驗室等較為明顯的行為來控制自己對糖果的渴望，在這類孩子中也多有滿足實驗要求，最終獲得獎勵的表現。

實驗進行到這，我們已經可以回答上述問題：是所有的孩子都急不可耐、毛毛躁躁嗎？答案很明顯不是。從實驗中我們可以看出，只有一小部分孩子直接開始吃糖果，絲毫沒考慮未來獲得獎勵的問題，大部分孩子還是等待了一段時間之後才開始吃糖果，這說明大部分孩子還是有一定耐心和自制力的。第二個問題是：有多少孩子是能自制的？答案是很少，因為孩子本身身心發育不成熟，你希望他懂事克己是很困難的，即使是透過實驗的孩子，如果將實驗時間延長，可能獲得獎勵的人會變得更少。

心理學家繼續追蹤研究這些參加實驗的孩子，直到他們高中畢業。追蹤研究的調查結果顯示：那些持續等待並最終

獲得獎勵的孩子，在青少年時期，仍能等待機遇而不急於求成，他們可以為了更長遠的目標而犧牲眼前的利益，擁有自制能力。而那些馬上就吃掉糖果的孩子，在青少年時期表現得比較固執、虛榮或者優柔寡斷，只能看到眼前的目標、利益和渴望，不能控制自己的貪婪，滿足自己的渴望之前無法專心做事，注意力會一直集中在欲望本身。就學業水準來看，那些自制能力更強的孩子明顯表現得比其他同齡人更好。這也就是俗話說的「三歲看老」。

從上述實驗我們可以發現，能延遲滿足自己欲望的兒童，未來的表現會更好。所謂延遲滿足，也就是我們日常生活中所說的忍耐，可以為了更遠大的目標克制自己的欲望，放棄暫時的享受和眼前的利益誘惑。延遲滿足不只是為了讓兒童學會等待，或者壓制兒童的欲望，更不是讓兒童只一路前行，不問結果。從本質上來說，延遲滿足是一種能力 ——權衡當前利害得失和未來長遠利益後做出更有利於自身長遠發展的決策能力。

延遲滿足是兒童自我控制能力的展現，是兒童在面臨種種誘惑時能平衡長遠結果和當下誘惑，從而做出更佳選擇的能力。延遲滿足能力不僅是兒童自我控制能力的核心成分和最重要的特質，也是兒童未來的社會化與情緒調節的重要成分，更是一種伴隨終生的基本人格因素，是兒童由幼稚走向

成熟，由依賴走向獨立的重要象徵。

　　延遲滿足能力強的個體，未來會表現出更強的社會競爭力，有較高的工作學習效率，能更好地應對生活帶來的重重打擊、壓力、困難和挑戰，在追求自身長遠目標時更能抵制即刻滿足的誘惑。例如：在其他兒童選擇玩遊戲、上網或者看小說的輕鬆快樂時，這類兒童往往能靜下心來讀書，在成績上有優異的表現。

　　如果延遲滿足能力發展不足，兒童在未來發展中就容易缺乏定力，沾染一些不良習慣。例如：邊做作業邊看電視，上課時東張西望做小動作，放學貪玩不回家，貪睡不起床等；容易性格焦躁，缺乏耐心，遇事衝動，出現心理問題的可能性也更大。進入青春期後，這些兒童在社交中容易羞怯、退縮、焦慮、固執，遇到問題時表現得消極沮喪，遇到壓力就退縮不前或不知所措。

　　既然孩子的延遲滿足能力如此重要，家長該怎樣幫助和引導孩子發展其延遲滿足的能力呢？

送給家長的教養策略
◆ 形成正確的教育觀念
　　首先我們要了解，延遲滿足是一種能力，任何能力只要刻意訓練，都可以獲得長足的進步，例如：一些心理學家曾透過漸進式學習的方法，教會黑猩猩打開房門堆起箱子以取

得高處的香蕉。生活中我們有可能也見到過透過訓練學會騎腳踏車的猴子，甚至是可以幫主人拿快遞的狗等。動物的學習能力有限，而人的可塑性是極強的，要想讓孩子形成成熟的延遲滿足能力，家長一定要有信心，孩子能透過訓練獲得改進，不斷發展延遲滿足能力。

在有信心的基礎上，家長要了解，能力的鍛鍊是一個階梯式上升、逐漸成長和增強的過程，不能一開始就給孩子設定一個極其嚴苛的目標，這樣很容易導致孩子灰心喪氣，從此不在延遲滿足上努力。

蘇聯教育心理學家維高斯基曾提出過「鷹架式教學」，簡單來說就是對孩子能力的培養必須像搭鷹架一樣將孩子的興趣保留在鷹架上，時刻保持其好奇和安全，只有在這樣的環境中，孩子才能安心去提升自己的能力。鷹架的另一層含義是指，家長替孩子設定的目標一定是觸手可及、能達到的，就好像拿著一塊糖果引導孩子朝前小步邁進，孩子可以很容易就做到，但如果家長引導的目標是邁過很寬的溝壑，孩子就很難做到了。

◆針對孩子的能力設定合理的目標

家長在鍛鍊孩子的延遲滿足能力時一定要注意目標的可及性，根據孩子的發展情況制定合理的目標。

例如最開始，當孩子急躁、注意力不集中時，家長可以

嘗試和孩子溝通，制定這樣的目標：你只要安靜學習 10 分鐘就允許你看 5 分鐘電視。如果孩子能實現，並在這一級延遲滿足能力的梯子上站穩了，在訓練 10 天左右之後，家長就可以開始向下一級延遲滿足能力階段攀升：你只要安靜學習 10 分鐘就可以獎勵給你一個蘋果，但只有學習半個小時才能看一會兒電視。孩子在實現該目標過程中會不斷反覆，在上一級階梯和更高級階梯上不斷反覆，這是正常現象，家長要多鼓勵、表揚孩子向上的表現，對停留在本層的表現不做鼓勵，這樣會幫助孩子盡快向上一級階梯進發，形成較好的行為習慣。

整體而言，孩子發脾氣、沾染不良習慣，本質上是自我控制能力的問題，而延遲滿足能力是自我控制能力的核心。透過延遲滿足的實驗我們可以發現，家長要想幫孩子形成穩定良好的脾氣和行為表現，就必須在延遲滿足能力的發展和培養上下功夫。結合維高斯基的「近側發展區」（zone of proximal development, ZPD）和「鷹架式教學」的理論，我們認為，家長在培養孩子的延遲滿足的能力時，可以透過漸進式、階梯式向上的方式，來引導、幫助孩子養成良好的行為習慣。

第 3 節
應對撒謊：心理防禦機制和本能

　　撒謊應該是很多家長在教育孩子的過程中所遇到的最頭痛的一件事情。那麼孩子在成長過程中究竟是如何養成這種不良習慣，又是什麼驅動孩子形成類似的不良行為表現的呢？

　　本節會介紹佛洛伊德關於心理防禦機制的理論，透過心理防禦機制的建立來解釋孩子的不同行為表現。

　　佛洛伊德認為，人的心理結構由三部分構成，分別是自我、本我和超我。自我是現實意義感最強的人格部分，也是主導我們日常生活的人格結構；本我受人的本能支配，遵循「快樂原則」，對一切能使人快樂的事都沒有抵抗力；超我是個體受社會化影響之後建立起來的，是追求道德上圓滿無瑕、充滿責任感的人格結構。

　　自我、本我和超我在個體成年階段逐漸穩定，但遇到不同情境時，三種人格結構依舊會產生矛盾衝突。尤其是本我和超我很容易發生衝突，一個以快樂為原則，另一個以道德

為原則，在現實生活中很容易就會發生衝突。

例如：孩子在面對鄰居家小孩的零食時，就會面對 ——
本我：吃掉，獲得進食的快樂；超我：不能吃，否則要面對
鄰居的責問和家長的批評。本我會蠢蠢欲動，想要吃美味的
蛋糕，獲得那種甜味帶來的幸福感；超我會恪守道德底線，
並希望藉此得到家長和鄰居的讚賞。

佛洛伊德認為，當人面對人格結構中自我、本我和超我
的衝突時，會做出種種保護自己心理結構的防禦方式，既要
保證本我得到一定滿足，也要做好對超我的撫慰，並滿足自
我的需求，實現三者的和諧共處。尤其是涉及個體心理結構
的成長和變遷時，個體往往會傾向於拒絕和排斥新鮮變化，
從而保護原來的心理結構。佛洛伊德將各種防禦方式歸納總
結為心理防禦機制，認為個體透過心理防禦機制來應對人格
的矛盾衝突以及新來的變化，從而保持人格的穩定。

佛洛伊德將個體可能使用的心理防禦機制分為五大類，
十六種。以下是具體內容。

第一類：逃避機制

逃避機制是一種消極性的防衛，用逃避或消極的方法去
緩解自己面對挫折或衝突時感受到的痛苦，比如裝作看不
見、聽不見、不知道、沒發生。具體來說，逃避的消極防禦
機制可以分為以下四種。

◆ 壓抑

壓抑是個體最常見的防禦機制，是指個體將一些自己所不能接受或具有威脅性、痛苦的經驗和衝突，在不知不覺中從個體的意識中排除，將其抑制到潛意識中的作用，是一種「動機性的遺忘」。個體在面對不愉快的情緒時，有目的地去遺忘，和時日長久而自然遺忘的情形是不一樣的。

例如：在面對痛苦經歷時，我們總是會提醒自己，不要想了，將注意力放到其他地方吧。而在日常生活中，我們在做夢或情緒激動的情況下脫口而出的話，說溜嘴或者一些異常行為，這都可能是壓抑過度的結果。

壓抑的作用，表面上看起來是我們把引起痛苦的事件忘記了，但實際上它仍然存在於我們的潛意識中，會在不知不覺中影響我們的行為，以致在日常生活中，我們可能會做一些自己也不理解的事情。

例如：經過大地震的人在日常生活中可能會表現得很正常，但有時候他們會習慣性地囤積物資，遇到搖晃和巨響時會表現出極其劇烈的反應。這是因為大地震給予個體的痛苦回憶，會伴隨個體的終生，並不會隨著時間的流逝而被個體忘記。個體逐漸表現正常是因為他將痛苦的回憶壓抑到了潛意識中，但這並不代表該記憶不存在或者個體已經釋然。

再比如參加戰爭的士兵、被霸凌的孩子、火災裡獲救的

孩子等，這些人遠離痛苦一段時間之後會表現得如同常人一樣，但遇到一些喚醒痛苦記憶的線索後就會表現出極其劇烈的反應。這說明那個使個體心理遭受巨大創傷的記憶被壓抑到其潛意識中了。

孩子的壓抑還會表現在面對誘惑時，以及與社會化進行對抗等方面。正如第 2 節所述，延遲滿足是孩子成長過程中需要養成的一項重要能力，壓抑是延遲滿足的一個基本前置條件，一個能忍住欲望，不吃桌上現成糖果的孩子，就要將自己的欲望壓抑到潛意識中，甚或將注意力轉移到其他事物上才行。

◆否定

否定是一種原始而簡單的防禦機制，方法是藉助扭曲個體在創傷環境下的想法、情感、感覺等來逃避心理上的痛苦，或者否定痛苦事件的存在，裝作根本無事發生，藉此來獲取心理上的安慰。

「否定」與「壓抑」的表現類似，區別在於：壓抑是排斥痛苦的記憶，試圖去遺忘，但並不否認事件的真實存在，而否定則是不相信事情的存在，從根本上否定事情的合理性。

以孩子偷吃糖果為例，壓抑是指隱瞞、克制自己對糖果的渴望，否定則是當桌上的糖果不存在，透過這種方式否定自己的欲望。

否定是個體最常用的一種心理防禦機制，遇到超出自己認知範圍的事件時，如惡性事件、戰爭、親人去世等，人都會使用否定的方式來緩解自己遇到的心理震撼，尤其是當震撼過度會引起個體心理損傷時，否定是一種極其常見的心理防禦手段。

◆ 退化

退化是指個體在遭受挫折時，表現出其年齡不應有的幼稚行為反應，是一種逆成熟的倒退現象。

例如：已經很多年不吃手指的孩子在上臺演講之前緊張地吃手指，很多年不尿床的孩子在家裡添了小寶寶時又開始哭鬧和尿床，這些都是退化的表現。

勒溫等人經過實證研究發現，退化在孩子身上有一定的共性：2 ～ 5 歲的孩子在面對挫折時會表現出退化行為，一般是年齡倒退一年到一年半。退化行為不止出現在孩子身上，成年人遇到挫折和困難時也會表現出退化行為。例如：人們遇到棘手的問題時會發出「天呀」的感慨，一些成年人在分手時會透過號啕大哭、下跪、討好、撒嬌等方式挽回，這些都是退化的表現。

退化是一種非常常見的心理防禦機制，但會破壞個體的社交關係，會被認為是個體不成熟、不穩定的表現，他人對個體的評價會下降。

「退化」和「壓抑」、「否定」的界限不是特別清晰，尤其是當孩子哭鬧或者撒謊時，家長應該和孩子多做溝通交流，以確定孩子的訴求以及其使用的心理防禦策略。

適時偶爾的退化，尤其針對一些無傷大雅的問題，例如：孩子撒嬌說要吃什麼，這並不會影響孩子的發展，相反會使孩子累積的負面情緒和死本能得到宣洩。因此，家長可以適時允許孩子的退化表現，但面對特別無理的要求，例如：索取昂貴的玩具，或者破壞他人的東西，家長不能因為孩子使用退化來抵抗困難和現實的責備就放棄懲罰或批評孩子，這樣孩子永遠無法成長，只能停留在退化階段。

心理學的「退化」和一般人認知中的「退化」是不同的概念。心理學的退化是指面對現實的問題時，暫時退化至低齡階段，問題和困難結束之後個體就會恢復應有的心智狀態；而常說的退化是指由於某些原因，個體的能力穩定下降到某一水準，在重新訓練和能力發展之前，個體的能力不會恢復到退化之前的水準。

◆ 潛抑

佛洛伊德將潛抑描述為個體意識中將對立或不能接受的衝動、欲望、期待、想法、情感或痛苦經歷，不知不覺地壓抑到潛意識中，以至於當事人本身無法感受到痛苦，無法察覺事情或者難以回憶該事件。

例如：很多人都會有偷窺的渴望，但大部分人沒有表現出來，除非在特別的時刻遇到這樣的機會，不然個體大部分時候並不會表現出這樣的渴望，這種不道德的或者隱祕的需求就是個體透過潛抑的方式忽視或者壓抑下來的。

再比如：兒童在面對體力和智力始終比自己強的大人時會表現出柔弱和膽小，但偶爾會表現得特別暴力和凶狠，這就是兒童的攻擊本能被潛抑了。當幾個兒童一起玩耍，且沒有大人時，兒童的暴力攻擊本能就會被喚醒，就會出現霸凌行為。

對於兒童來說，攻擊本能是自己的一種可能和欲望，但在日常生活中沒有辦法實現，只能不知不覺地將其壓抑在潛意識中，除非有適當的時機，不然很難表現出來。

潛抑的對象多是些個體不能察覺到的、隱祕的，甚或不道德的心思，因此個體在日常生活中並不能察覺和表現出來。

另外一些個體的心理主觀渴望，例如：對某些明星的喜愛，當該明星爆出負面新聞之後，一部分粉絲會表現得毫無波瀾，甚至不關心該問題，實際上是為了保持自己內心世界的穩定性，避免更大的損傷，而將負面新聞或者對明星的喜愛潛在壓抑到潛意識中，在意識層面表現得若無其事。但實際上如果潛意識中的態度和痛苦被喚起，個體會變得更加痛

苦，或許還會表現出驚訝，原來我喜歡某某某。這種對自己需求的驚訝正是潛抑這種心理防禦機制的特點。

第二類：自騙機制

自騙機制是指個體會使用自欺欺人的方式來改變事情對自己的影響，是一種消極性行為反應。自騙機制和逃避機制中的否定不同，否定並不是欺騙自己、扭曲事實，而是不認為事情發生了，否定事情的存在，自騙則是將事情朝著自己需要的方向扭曲，但承認事情的存在。常見的自騙機制包含六種具體方式，分別是反向、合理化、儀式抵消、隔離、理想化和分裂。接下來，我們具體介紹每一種自騙機制。

◆ 反向

反向是指當個體的欲望或需求不符合社會倫理道德時，個體會擔心自己做出該行為，以至於把自己的需求壓制到潛意識中，意識層面則會表現出完全相反的行為。例如：一個人有偷竊的想法，但社會道德是譴責偷竊的，他便會將自己的需求和想法壓制到潛意識中，並在行為表現上展現出強烈的討厭和譴責偷竊的態度。

反向表現在歷史上比比皆是，很多正人君子都被扒出表面一套，背後一套。例如：寫下〈憫農〉的李紳，實際生活中並不體恤農民的艱辛，反而窮奢極欲，一頓飯就要吃三百多條雞舌。

反向是一種「此地無銀三百兩」的心理防禦機制，個體對自己的欲望並不誠實和直視，而是選擇逃避和隱瞞，甚至是打壓，攻擊自己的需求，這樣的心理狀態是不健康的。例如：有些孩子很想吃糖，但受到家庭經濟、社會和同伴壓力的影響，他壓抑了自己的需求，甚至表現出對糖果的厭惡，丟棄糖果，以獲得他人的讚許。但實際上這樣做會讓孩子誤認為自己真的不喜歡吃糖果，以至於其不能正視自己的實際需求，造成心理障礙，更嚴重者會扭曲、壓抑自己的需求，在某些時刻以更加隱祕、恐怖的方式爆發出來。

反向是以一種自騙的方式來隱瞞、扭曲自己的需求，甚至詆毀、否定自己，這會對孩子形成良好的自我價值感和價值觀造成嚴重的阻礙。所以家長一定要特別注意，當孩子表現出不合理的討厭或者偏好時，家長要對孩子進行及時疏導，改變孩子不合理的心理防禦機制和策略，幫助孩子建立良好的心理防禦機制。

◆ 合理化

合理化，也可以稱為文飾，是指個體無意識地使用合理的解釋為自己難以接受的情感、行為、動機、欲望等進行辯解，以使行為可以被接受的心理防禦機制。當個體的行為動機不符合社會道德倫理規範或未成功達成目標時，個體會搜尋各種合乎情理的理由來為自己的失敗和不被社會接受的欲

望進行辯解，以保持自己的心理穩健性，減輕焦慮的痛苦和維護自尊心免受傷害。換句話說，合理化就是製造「合理的」理由來解釋個體遇到的問題、挫折和失敗。

合理化有三種常見的方式，分別是「酸葡萄」、「甜檸檬」和推諉。

「酸葡萄」是指當自己追求某種東西的行動因自己的能力或性格等因素失敗時，個體為了保持自己的尊嚴，對追求的對象進行貶低和打擊。這樣的心理防禦機制和《伊索寓言》裡狐狸有異曲同工之妙。狐狸想摘葡萄吃，搆不到，跳了多次還是沒辦法搆到，就說葡萄是酸的，牠不想吃了。「酸葡萄心理」一詞由此而來。但實際上葡萄是甜的，個體追求的目標也是美好的，要不然也不會將其作為目標。例如：孩子答應家長自己會在考試中得 100 分，家長就要獎勵他一份炸雞腿，但這次考試孩子沒考好，這時他可能會辯解稱，炸雞腿不好吃，自己一點也不想吃炸雞腿，所以才故意沒考好的。

酸葡萄心理是個體追求目標失敗後為了緩解心理焦慮不安的情緒，而刻意編造一些理由，以貶低原有目標，從而減輕自己內心的失落感的一種保護機制。從心理健康角度來看，酸葡萄心理在一定程度上有積極意義，但習慣使用酸葡萄心理來解釋自己的失敗和遇到的挫折，並不利於兒童的身心成長。

「甜檸檬」是指試圖說服別人自己所做成或擁有的已是最佳的選擇。「酸葡萄」故事裡的那隻狐狸後來走到檸檬樹下，飢餓難忍，於是摘下檸檬充飢，邊吃還邊說檸檬是甜的，而在現實中檸檬是酸的。生活中也是這樣，有人會樂於加班工作，且欣然接受主管交給自己額外的任務，並認為這是主管重視自己的表現，但實際上，打擾就是打擾，剝削就是剝削！孩子身上常見的「甜檸檬」現象是當自己在學校中被霸凌，或者遭到老師的差別對待甚至虐待時，會將之當作自己受歡迎，或者是和師生更親近的信號，容忍他人的欺侮。

推諉是指將個人的缺點或失敗，推諉於其他理由，找人分擔過錯，自己則可以恢復正常和平靜。例如：學生在一次考試中失利，他並不認為這是自己的粗心大意或者複習不全導致的，而是責怪老師教得不好、評分方式有問題、考題超出範圍，或者自己身體狀態不好等。還有老師體罰學生，還說自己是「愛之深，責之切」。這都是推諉責任以保證自己內心世界平靜的合理化心理防禦機制的表現。

◆ 儀式抵消

儀式抵消是指個體無論有意還是無意犯錯，都會感到不安，尤其是事情造成了他人的損失或者傷害時，個體會非常內疚。這時，個體為了讓自己的內心放鬆下來，就會透過一些儀式性的活動來減輕自己的內疚和自責。

例如：有外遇的妻子或丈夫會對另一半異常溫柔和包容，還會主動包攬家務等；沒有時間陪伴孩子的家長則會花錢買昂貴的玩具給孩子，但實際上這只是緩解了他作為家長的內疚和自責，對孩子的成長毫無好處；再比如孩子貪玩，弄壞了鄰居家的門把，這時他可能會主動做家事來討好家長，以得到家長的原諒；還有，新年時摔壞東西，大家會說「碎碎（歲歲）平安」，這些都是儀式抵消的表現。

值得一提的是，有些心理疾病就是儀式抵消的心理防禦機制過度使用造成的。例如：有些孩子有潔癖，會不停地洗手，可能是因為無意中碰到了什麼髒東西或者失手打傷了別人；再或者孩子不停地收拾房間，可能是因為害怕被家長責罵，而形成了輕微的強迫症。輕微的強迫症和心理疾病會給孩子的情緒以釋放和撫慰的管道，但過度的反常現象，如洗手洗到脫皮，就需要及時接受心理疏導和治療了。

◆ 隔離

隔離是指將部分事實從意識世界中加以隔離，不讓自己意識到，以免對自己的內心世界造成打擊。最常見的被隔離部分是個體的主觀感受，因為主觀感受最容易導致個體的焦慮不安。

例如：說到死亡，人們總是比較忌諱，還會用「仙逝」、「長眠」這樣的說法來代替，以減緩焦慮情緒。

孩子通常會將自己不能理解的東西用一個自己熟悉的名字來代稱，例如：看到有人罵罵咧咧，表現粗魯蠻橫，孩子就會稱對方為壞蛋，家長要注意了解孩子在隔離過程中指代的對象的具體情況，以免孩子受到侵害時家長還一無所知。

◆ 理想化

理想化是指個體在和他人交往的過程中以及達成目標的過程中忽視實際情況，將事情朝著有利於自己的方向去猜測和想像，以致對某些人或事物做出過高的評價。這種高估的態度，很容易使個體將事實真相扭曲和美化，以致脫離了現實。

例如：孩子在和他人進行交往的過程中會故意吹噓和誇大自己家的經濟狀況，這是個不好的現象，不利於孩子認清現實生活。尤其是孩子如果邀請朋友來家裡玩，則會因為擔心自己「丟臉」而產生極大的焦慮和痛苦，所以家長要盡量引導孩子不要吹牛，不要過於理想化自己的處境和目標。

◆ 分裂

分裂是指個體在生活、工作、學習等不同情境中表現出截然不同的行為表現，這些表現甚至是相互矛盾和衝突的。也就是說，個體在面對不同情境時採取了分裂的策略來保障自己的心理防禦機制的穩定。

例如：一個孩子在家是乖寶寶，百依百順，懂事孝順，但在學校裡卻稱王稱霸，不停地搗亂。這是因為在家庭和學

校這兩個截然不同的環境中，孩子採取了不同的應對策略，這就是分裂的心理防禦機制在發揮作用。

第三類：攻擊機制

個體面對的心理障礙和問題，尤其是需求無法被滿足時帶來的負面情緒，會給個體心理帶來極大的壓力，個體有時會採用轉移的方式，將壓力和負面情緒宣洩在其他人、事之上，這就是心理防禦機制中的攻擊機制。攻擊機制有兩種方式：轉移和投射。

◆ 轉移

轉移是指個體因為某些因素（可能是倫理道德、社會規範）的阻礙，將原先對某對象的情感、欲望或態度，透過某種方式轉移到一個較為安全，且社會能接受的對象身上的心理防禦機制，以減輕自己心理上的焦慮。

例如：一個父親因為工作不順利被主管批評，又不好和主管吵架，就回來和妻子吵架；妻子吵不過丈夫就將怒火轉移到孩子身上；孩子遭受母親的訓斥，就將怨氣撒在貓身上，踢貓一腳。這就是心理學上著名的「踢貓效應」。踢貓效應描述的是一種轉移的心理防禦機制，但過度使用該機制會導致被轉移情緒的對象產生更為嚴重的心理問題。

尤其是孩子，如果不能很好地處理自己的情緒，只是一味地將情緒轉移，很容易被他人認為是欺軟怕硬。因此，除

了使用轉移的心理防禦機制，家長應該引導孩子妥善處理自己的情緒。

除了將情緒轉移到其他人身上，將自己的情緒轉移到其他事情上，如透過運動、閱讀、玩鬧等方式宣洩情緒，也是非常好的宣洩情緒的方式。

◆ 投射

投射是精神分析學派的經典行為描述。精神分析學者認為，投射是個體的自我在對抗超我時，為減輕內心罪惡感所使用的一種防衛方式。投射是指個體將自己的欲望、性格、需求、動機等，「投射」到別人身上，將自己的需求說成是別人的。例如：指桑罵槐、含沙射影，都是不把批評謾罵的話直接表達出來，而是將自己的不滿投射到其他事物上來發洩。

投射行為在孩子身上也極其常見，例如：孩子想吃什麼東西，並不直接說，而是說自己的玩具想吃什麼、最近附近開了家新店什麼的，透過這種方式將自己的渴望表達出來。

第四類：代替機制

代替機制是指個體使用某些事物來掩蓋、彌補、代替自己的缺陷，以減輕缺陷帶來的痛苦。有時候代替的事物會是幻想，因為自己的需求在現實生活中無法被滿足。代替機制具體有兩種做法：幻想和補償。

◆ 幻想

當個體由於種種原因（通常是體力、能力、性格、智力、資源等）無法處理現實生活的困難時，個體會幻想自己脫離現實，在幻想的世界中處理好了這些問題，以舒緩內心的焦慮。

例如：有些兒童在看了一些超級英雄的電影後，就會幻想自己是超級英雄，有一身超能力，可以對抗所有困難。我們經常可以看到小朋友手裡拿著木棍，說自己是「孫大聖」，這其實就是幻想自己是英雄，可以處理好生活中的種種難題的一種方式。

適度的幻想會使生活變得愉快而和諧。例如：作家、畫家都需要一定的幻想能力才可以創作出更好的作品。人類的進步也需要幻想的指引，所以保持一定的幻想能力是很有必要的。但個體不能過度沉溺於幻想，這樣只會讓心理出現問題，例如：一心幻想自己考上舉人的范進，當幻想成為現實，高興過度得了失心瘋。適度的幻想會給予人前進的動力，但整天沉溺在幻想中，只會導致個體與現實生活脫節。

◆ 補償

補償最早見於阿德勒的《自卑與超越》，阿德勒作為精神分析學派的代表人物，後來脫離精神分析，成了新精神分析學派中的一員。他認為每個人天生都會有一些自卑感，自

卑感促使個體追求卓越，以補償自己的自卑感。因此自卑和補償是了解人的行為的兩種基本途徑。

補償分為積極補償和消極補償。前者如個體相貌平庸，透過後天的努力學習來爭取自己想要的一切，就是使用努力讀書和工作來補償相貌給自己帶來的自卑感；後者如孩子因為性格頑劣被同學排擠，就加入不良幫派團體以補償群體歸屬感。家長一定要注意，孩子的補償是很容易被發現的，順藤摸瓜就能找到問題所在。

第五類：建設機制

建設機制是五類心理防禦機制中較好的一類，是朝好的方向去發展，可以分為昇華和認同兩種。

◆ 昇華

昇華是將本能行動，有如飢餓、性慾或攻擊的內驅力，轉移到自己或社會所接納的範圍之中。有人將攻擊他人的衝動的動力昇華為運動的動力；有人有罵人的衝動，將之昇華為合理地評論和議論的動力。兒童產生昇華表現是一件很少見的事，原因是個體在兒童期間遵循本我原則，更喜歡釋放自己的本能衝動。

◆ 認同

認同是指兒童逐漸認可自己所處的團體、自己的性格等，認同是兒童社會化進程中必不可少的過程，但過於執著

群體的認同可能不利於兒童的變通和發展。例如：如果兒童過於看重某個團體的身分，就會四處誇耀該團體，這樣的行為並不利於兒童的未來發展。

送給家長的教養策略

本節我們詳細介紹了個體的心理防禦機制，從上述介紹中我們可以發現，基本上，兒童、青少年都會使用各種心理防禦機制來應對自己遇到的各種問題。任何一種心理防禦機制用好了都能促進和提升個體的能力與心理健康水準，提高其心理適應性。但任何手段都是過猶不及的，使用過度或使用不當都會導致兒童、青少年的心理成長出現問題。家長只有透過充分的溝通和交流，了解孩子的真實心理需求，根據自己的經驗判斷，以及對孩子的意願進行綜合考慮之後，再決定如何引導孩子建立適合的心理防禦機制。家長應該理解孩子的心理防禦機制，視情況決定是否要干預孩子。

◆ 要理解兒童心理防禦機制的成因

透過上述的理論介紹和舉例，我們也能理解孩子為何撒謊：孩子的撒謊行為，如使用否定、幻想或理想化等心理防禦手段，根據情境不同，其性質也有所不同，但整體而言，孩子撒謊的目的都是為了緩解內心的壓力，防止自己的情感、性格和心理結構被破壞，而做出的有利於自身減少負面情緒和壓力的反應。

　　從行為邏輯上，我們可以理解孩子的一些撒謊行為，但家長朋友一定要注意孩子具體的撒謊行為的表現方式，例如：孩子為了掩飾自己的錯誤而將責任推諉給其他人，騙家長說是別人做了壞事，這是十分不好的行為，是家長必須幫助孩子改善調整的部分。

　　比如：老師告訴家長孩子總在幼稚園裡欺負其他孩子，每次家長問他有沒有欺負小朋友，他都哭著說沒有，直到後來家長陪他和其他小朋友一起玩才知道，他的本意只是想和其他小朋友一起玩，只是他在家裡習慣了橫行霸道，在外面也是這種風格，才會讓人誤以為他是在欺負人。這個孩子遇見誤解的心理防禦機制就是哭鬧、否認，但面對問題，這樣的心理防禦機制是不合適的，因此家長需要儘早理解孩子的心理防禦機制。

◆家長要根據情境來改變孩子的心理防禦機制

　　再比如：一個孩子總是習慣在家裡的走廊上撒尿，被發現了還不承認，大哭大鬧。這樣的心理防禦機制固然是為了保護自己幼小的心靈，但撒謊行為以及事件的惡劣程度會對孩子未來的身心發展造成不好的影響，如果放任不管就會使孩子養成撒謊的習慣，與其遮掩羞愧，不如讓孩子直面自己的錯誤，獲得心理成長。

◆ 避免破壞性心理防禦機制

破壞性心理防禦機制包括否定、欺騙、合理化等，結合具體情境還會產生不同的破壞性心理防禦機制。舉個例子，一個孩子從小性格沉悶，小時候淘氣，惹了事，家長要打罵他，他也不說話，也不逃跑，就直直地站在那裡被打，被打狠了就默默流眼淚，從不跟家長溝通。所以等他長大後，他的家庭關係就會非常緊張，他會習慣性地用沉默或者冷暴力來解決問題。

沉默，或者說抑制，本來是有利於身心發展的心理防禦機制，但在溝通中使用不恰當就會導致溝通不暢，最後成為破壞性心理防禦機制，家長一定要避免這樣的心理防禦機制的形成。

第 4 節
應對霸凌：兒童青少年的攻擊性本能

　　校園霸凌是指兒童（也包括老師）在學校受到學生同伴和老師的侵犯、侮辱、謾罵等。近年來，校園霸凌成為社會熱點問題，霸凌的嚴重程度也越來越嚴重，大有愈演愈烈的趨勢。

　　兒童為何會習得攻擊行為？童年、青少年時期的霸凌、被霸凌行為對兒童未來的發展會有怎樣的影響？兒童的霸凌行為究竟是伴隨社會化進程的加快和成熟而獲得的不良習慣，還是兒童因社會發展加速對生活掌控感不夠而產生的恐懼情緒的宣洩？

　　本節我們會透過社會心理學家關於個體如何習得行為的理論來探究兒童為何會形成霸凌、侵犯他人的行為。

社會學習理論

　　社會心理學家吸收了行為主義學派關於環境和後天的培養對兒童的影響的主張。華生曾言：「給我一些身體健康的

孩子，我可以將他們培養成詩人、作家、工人、農民，或其他任何職業。」

社會心理學家班度拉認為，個體社會化的方式之一是習得。習得的主要途徑是觀察他人，尤其是和孩子有親密關係、對孩子有重要影響的成年人，如兄弟姐妹、父母姑姨、祖父祖母等，家中長輩的行為會被孩子多次觀察，並被有意識地模仿，這樣就能解釋為什麼有些孩子會拿棒棒糖、春捲等東西模仿抽菸的動作，很有可能是孩子在日常活動中看到了家長前輩有抽菸的行為表現，由此習得和模仿大人的行為。

班度拉的社會學習理論包括觀察學習、自我效能、行為適應和治療。

班度拉認為觀察學習是習得的第一部分，分為注意、保持、動作復現和動機。[003] 注意是指兒童觀察到特定對象的行為，並對其進行有意識的觀察；保持是指個體將他人的行為保持在個體記憶中，並不斷豐富細節；動作復現則是指兒童嘗試模仿他人的行為，並根據兒童自己的能力調適、調整該行為的表現；動機則是指兒童習得該行為後會根據表現出行為後他人對行為的評價來決定是否保持該行為，如果該行為不被接受，被批評、被指責，則該行為會被壓抑，逐漸消

---

[003] ［美］戴維‧邁爾斯，社會心理學‧

退；如果該行為被表揚、被鼓勵，則兒童會逐漸加強和熟悉該行為，使其成為自己的習慣性行為。

我們以兒童的成績為例。兒童在學校會首先觀察到，成績好的學生會受到尊重，因此兒童會意識到成績的重要性。當兒童注意到其他學生努力讀書獲得好成績時，會嘗試模仿這種行為，透過努力讀書來獲得好成績。這樣的行為在兒童心中成形，並在生活中被努力復現，如果兒童的智商發育不夠，他就會扭曲矯正該行為，例如：其他學生每天課外學習三個小時，這個兒童可能只能實現一個小時的復現。如果努力學習最終獲得回報，兒童被鼓勵、被表揚，兒童則會努力保持學習的行為。如果兒童觀察到其他學生透過作弊的方式獲得好成績，他可能會復現該行為，如果這樣獲得好成績也會得到表揚，他則會繼續保持該行為；如果這種行為被發現，並受到譴責和批評，他便會抑制該行為，以致該行為逐漸消退。

兒童習得行為的動機階段是影響兒童能否習得行為的關鍵。具體來說，班度拉認為，有機體行為得到強化的方式有三種：一是直接強化。即兒童習得行為當場獲得回饋，例如：兒童模仿抽菸的行為，被家長及時看到並制止，這種直接的回饋會對個體的行為習得產生決定作用；二是替代強化，是指個體觀察到其他人對該行為的回饋後，決定是否習

得該行為，例如：兒童觀察到高年級的哥哥姐姐因為成績良好而受到嘉獎，他會決定習得努力讀書的行為，當他看到其他同學因為作弊而受到懲罰，他便會壓抑自己習得作弊行為的需求；三是外部強化，是指個體是否習得行為受到外部行為的影響，例如：兒童好好吃飯會獲得家長的關愛和買玩具的承諾，該行為就會被保持，如果兒童尿床後被罰站並要求自己洗床單，這樣的外部強化會直接告訴兒童這種行為是不被允許的，這樣兒童就會逐漸矯正自己的尿床行為。

了解上述理論後，我們再來解釋兒童、青少年霸凌的社會現象，為什麼兒童會形成霸凌的行為？

根據社會學習理論，兒童霸凌行為的習得首先是要有觀察行為的場所，學校周邊以及學校到家路上遇到的人、事、環境等要素構成的社會微環境，都會直接影響到兒童的習得行為。例如：霸凌最主要的來源就是學校周邊的網咖、遊戲廳、公園、福利社等地方。

有心理學家將兒童放學後回到家中之前這一段路程經過的地方、停留的時間和兒童遇見的人事稱為社會微環境。社會微環境歷來是學者、家長所忽視的兒童成長影響因素，但實際上這個因素會對兒童的未來生活造成極其重大的影響。

舉例來說，小明放學回家路上習慣在路口轉角處買滷味吃，今天路口多了家新店，小明決定嘗嘗鮮，結果該店飲食

衛生不合格，小明食用之後食物中毒，得了急性腸胃炎，此後他便對嘗試新鮮事物有了陰影，這就影響了他未來的生活方式。

回到霸凌這個問題上，兒童、青少年放學後處於一種無人管教、時間多、注意力跳脫的階段，在他經過的社會微環境中很可能就存在各種霸凌事件：在網咖門口、小公園裡遇見有人吵架和打架，吃個小零食排隊還被人插隊等。這樣的負面事件見多了，兒童就會不自覺地觀察和學習該行為。

我們回到班度拉關於社會學習理論中。行為的保持與否取決於實施該行為能否滿足個體的動機。對於兒童、青少年而言，表現霸凌行為的動機是釋放自己很厲害的信號，從而獲得崇拜、羨慕以及某些特權，滿足自己的虛榮心。

還是以小明為例。小明最近很清閒，學校作業少，爸媽最近晚上回家晚，沒空做飯，就給他錢讓他在外面解決晚飯，所以從 5 點學校下課開始，小明就在外面閒逛到晚上 9 點多才回家，而且口袋裡還有錢，能買很多自己想要的東西。小明最近經過網咖門口時，總看到有人在玩一款遊戲，很多同學也在討論這款遊戲。時間長了，小明也對該遊戲產生了好奇。家裡爸媽管得嚴，不讓他打遊戲，最近這幾天他有空在外面閒逛，所以小明對遊戲的好奇心一下子就被激發出來了。

　　小明在網咖門口探頭探腦。兩個穿著怪異、滿身菸味的不良少年從網咖裡面走出來，看到小明在張望，上來就跟小明要錢，說因為小明站在那裡看，害他們遊戲一直打輸，小明不得已只能把爸媽給自己的錢給了這兩個不良少年，灰頭土臉地回家了。

　　小明並不敢把這件事告訴爸媽，網咖是爸媽深惡痛絕的地方，所以小明只好餓著肚子過了一晚，從這件事中小明學會了霸凌。過了半年，小明身高長得快，體重也飆升，這天小明家裡有事，又叫他自己處理晚餐，這次小明很餓，有點急切地想買東西吃，就插隊了，後面幾個低年級的同學看著高高壯壯的小明，敢怒不敢言，小明也確實體會到了插隊帶來的便捷和別人敬畏自己的快樂。

　　也就是說，小明透過在記憶中保持霸凌的行為特徵，在某一時刻復現該行為，獲得了自己所需的好處和滿足感。從網咖門口被霸凌，到福利社插隊，小明習得了一種叫做侵犯的行為，並從中獲得了好處和快感。

　　我們可以看到，關於霸凌的社會學習基本上都是在社會微環境中發生的。社會微環境的特點是沒有任何成年人會幫助矯正兒童不當的行為，老師、家長都不在身邊，兒童、青少年的習得行為是不受管制和約束的。

　　這需要國家和政府對社會微環境進行管制與約束，有些

地方做得很好，例如：要求學校周邊 400 公尺內不得有網咖，200 公尺內不得出現 KTV、遊戲廳、棋牌室等娛樂場所，對於學校周邊的路邊攤進行嚴格規範，以確保兒童、青少年的飲食健康和安全。

兒童、青少年一旦習得霸凌行為，事情就會變得越來越嚴重，因為兒童、青少年會有同儕團體存在，同伴之間會交流經驗、分享心得，團體間偏差（intergroup bias）會使得大家接受群體成員的越軌行為，而外團體的敵意和貶損則可能導致其對群體外成員的敵意和攻擊行為。

從靜態來看，群體內若有關於霸凌的經驗被分享，內部則會更加激進，並不斷加工和傳播該訊息，尤其是當群體內有人分享了競爭和霸凌的具體經驗後，群體內其他成員遇到類似的情況時，想要嘗試的想法就更加蠢蠢欲動，這使得霸凌變得越發嚴重。從動態來看，群體內對霸凌的認知隨著傳播人數的增多而逐漸嚴重，例如：剛開始是說小明插隊，傳著傳著就變成了小明插隊並且打了不滿意的低年級學生一頓，再到傳聞小明把人家打傷住院了。霸凌的傳言越來越離譜，他們對群體外成員的敵意也隨之升高。當個體間發生衝突時，霸凌就會爆發出來，這種扭曲的霸凌經驗為群體霸凌個體、弱勢族群提供了極其惡劣的行為範本，並導致了更加惡劣的霸凌行為的發生。

在謠言的加工、霸凌的習得和內團體偏私、外團體偏誤的綜合作用下，任何一個孩子都很難逃離霸凌的影響，區別只在於個體會在影響下變為被霸凌者、霸凌者還是旁觀者。

對於霸凌，家長能為孩子做些什麼？

送給家長的教養策略

很遺憾的一點是，家長並不能時時刻刻陪伴孩子，孩子總是要接受社會化的。社會化並不都是好的、教人向善的，總會有各種負面因素或者消極行為傳遞給孩子。

◆ 及時溝通，了解孩子的情況

家長能做的就是及時了解孩子的煩惱和想法，隨時與孩子溝通和互動，保證孩子精神上不被忽視。

如果孩子在社會微環境中遇到偷盜、霸凌等不道德行為，並表現異常時，家長應盡快和孩子溝通，防患於未然。如果孩子已做出類似行為，家長的第一反應應該是保護孩子的心理成長和性格發展，和孩子溝通他這麼做的原因，在拆解原因後再親自帶領孩子處理該事件，千萬不能偏袒、包庇孩子。很多時候行為本身的惡劣程度和性質對孩子的影響遠不如最後處置結果對孩子的影響大。

透過前文對霸凌現象的習得、原因機制以及家長能為孩子做些什麼的分析，我們可以發現，孩子的成長過程，家長並不能親力親為，所以孩子的發展出現偏差是很正常的事，

沒有人可以一帆風順地過完一生。

家長朋友不必過分介意孩子成長過程中遇到的種種問題，要理性對待，並把這種擔憂落實到行動上，適時、及時地和兒童、青少年溝通，了解其所思所想，力所能及地給予他們指導和建議。尤其是對於他們不好的行為習慣方面，懲戒只能是臨時的手段，要想實質性地解決孩子成長過程中遇到的種種問題，溝通、拆解問題、幫助改進以及事後檢討是必不可少的。

這就是本節想要告訴家長以及孩子的觀點：犯錯並不可怕，如何對待錯誤，才是決定孩子成長的關鍵。

◆ 幫助孩子形成堅強的性格

大部分的霸凌都發生在性格暴戾者對性格軟弱者或者弱勢族群的互動中。這需要孩子和家長共同應對，引導孩子形成堅強的性格，對惡意的霸凌和侵犯說「不」！

面對霸凌，最重要的一點是直面這個問題。大部分霸凌行為的產生源於忽視 —— 家長的忽視、學校的忽視、同儕團體的忽視，這些忽視縱容了施暴者，讓霸凌愈演愈烈。因此，要想幫助孩子遠離霸凌，家長一定要多和孩子溝通，了解他的生活，並幫助其形成堅強的性格，去應對潛在的不懷好意的互動。

第 5 節
行為矯正：建立連接掌控本能

　　青春期的孩子總喜歡和家長唱反調，反對家長的命令、要求和期望，叛逆頑劣得讓人頭痛。但家長總是希望自己的孩子向好向善、成人成才。如何和處於叛逆期的孩子相處？用怎樣的相處模式才能讓孩子朝著家長期待的方向成長？這是所有家長都十分關心的問題。巴夫洛夫的實驗或許能給各位家長一些啟發。

巴夫洛夫的實驗

　　俄國心理學家、生理學家、醫生巴夫洛夫透過實驗，發現了行為主義的基本理論 —— 強化理論。巴夫洛夫利用狗看到食物或吃東西時會流口水的現象，在每次餵食狗的時候都會伴隨其他刺激，最早使用搖鈴的方式，後來是音叉、節拍器、開燈、吹口哨等。連續多次在餵食前伴隨其他刺激會使狗對該刺激產生反應，當反應穩定後，即使不出現食物，狗也會出現流口水的現象。巴夫洛夫將這種現象稱為條件反

射，狗將非屬食物的中性刺激，如搖鈴聲，當作食物出現時引發流口水行為的線索，稱為聯結。

條件反射的情境涉及四個要素，兩個屬於刺激，兩個屬於機體的反應。第一個刺激是中性刺激。它在條件反射形成之前，並不能引起預期的、需要學習的反應，這是條件刺激，在巴夫洛夫的實驗中就是搖鈴、吹口哨和音叉。第二個刺激是非條件刺激。它在條件反射形成之前就能引起預期的反應 —— 條件反射形成之前，肉一出現就會引起狗的唾液分泌。

這種非條件刺激引起的機體反應叫做非條件反應。這是在形成任何程度的條件反射之前就會發生的反應，是一種本能反應。而由於條件刺激而發生的反應就叫做條件反應，即沒有肉，只有搖鈴聲引起的唾液分泌反應。當兩個刺激接連發生（在空間和時間上相近），並反覆地出現，就會形成條件反射。通常，當非條件刺激緊跟著條件刺激出現，條件刺激和非條件刺激相隨出現數次後，條件刺激就會逐漸引起條件反應。比如上述實驗中，搖鈴和肉同時出現多次後，狗聽到搖鈴聲就會分泌唾液。

在了解上述理論的基礎上，巴夫洛夫透過實驗對條件反射做了更深入的探索。例如強化，中性刺激伴隨非條件刺激出現的次數越多，受試者對中性刺激的喚醒反應就越強烈，

實驗中搖鈴和食物一起出現的次數越多，後續實驗中僅搖鈴時狗的唾液分泌也就越多。消退是指當非條件刺激單獨出現時，原本中性刺激和反應建立的聯結就會被壓抑，逐漸消退，直到完全不能被喚醒。次級聯結是指在條件反射的基礎上，再加入新的中性刺激，使得受試者產生新的條件反射，這被稱為次級聯結。實驗中，巴夫洛夫讓實驗助手一邊搖鈴一邊吹口哨地為狗端來食物，後來逐漸取消食物，在搖鈴的輔助下，吹口哨和產生唾液的行為同樣建立了聯結。

巴夫洛夫的實驗說明，個體新行為的養成如果可以和個體習慣的一些行為伴隨出現，會更容易被接受。例如：如果想要孩子更好地學習英語或者上才藝班，選擇那些有同學一起的課程，或者那些和孩子喜歡的動畫或者故事有關聯的課程，可能孩子的接受程度會更高。

送給家長的教養策略

◆ 建立良好的聯結

戰國時期，秦王為鼓勵士兵奮勇殺敵，便將士兵的戰績和土地、房子、銀錢相聯結，採用二十級軍功爵位制，爵位、金錢、土地都可以透過殺死的敵人來換取。因此秦國的士兵是七國裡最驍勇善戰的，秦王利用士兵的驍勇善戰，最終橫掃六國，建立起中國歷史上第一個大一統的王朝。

如何讓孩子在成長過程中對學習保持著如秦國士兵一樣

旺盛的鬥志和積極的態度呢？

　　這是家長在具體教育中需要注意的。如果家長確定要使用強化的方式來引導孩子朝正確的方向行進，那一定要確保給予孩子的強化對孩子來說是有吸引力的，例如：承諾孩子考完試就能吃一塊他心儀已久的蛋糕，或者去他一直想去的遊樂園，或者送他他注意了很久的玩具，再允許孩子看自己最喜歡的卡通。刺激物的吸引程度一定程度上影響了強化的建立。尤其是伴隨孩子的成長，原本承諾的獎勵的吸引力可能會下降。因此這也告誡我們的家長，要從長遠的角度來看待孩子的教育問題，不能這次考好了買遊戲機，下次考好了買腳踏車，過高的獎勵可能會對孩子的本次行為表現有極強的驅動作用，但從長遠來看，對孩子的良好習慣的養成弊大於利。

◆ 確保承諾可實現

　　除了要考慮獎勵的吸引力，家長一定要確保自己的承諾能夠實現。家庭是孩子接受教育和社會化的第一個場所，父母是孩子的第一任老師，也是孩子最早接觸的社會人。家長對承諾的態度很大程度上會影響孩子對他人的信任，如果家長沒有辦法實現承諾，會對孩子造成很大的打擊。因此，家長在建立聯結的過程中應該選取那些力所能及的獎勵做承諾，和孩子一起實現目標。享受獎勵本身也是增進親子關係、促進家庭和睦的一種好方法。

◆ 目標的可持續性

除了要考慮獎勵承諾的吸引力和可實現性，家長要從長遠、可持續發展的角度來考慮和制定對孩子的培養教育方案。愛玩是孩子的天性，透過玩耍嬉戲，孩子能不斷促進自身語言行為的成熟發展和社會化習得。因此對孩子的教育不能是填鴨式地硬套、硬塞，也不能太豐富，讓孩子迷失在選擇中，一定要給予孩子足夠的思考消化以及休息時間。

因此，在建立聯結的過程中，家長應從長遠角度考慮，循序漸進，一定不要揠苗助長，過度的壓抑和過高的目標會帶給孩子沉重的壓力，時間久了還可能導致心理問題，甚至性格問題。因此，家長對孩子的教育和培養應建立在與孩子進行充分溝通交流的基礎上，根據孩子的興趣，選擇適合孩子的發展方向。

◆ 避免積極回饋的消退

還要注意的是，在建立聯結的過程中要注意消退的出現，也就是刺激物和條件刺激給予孩子的回饋過早或過晚。例如：孩子想要得到一套繪本，但下一次考試還要隔很久，那這時候將學習和獲得繪本的獎勵聯繫在一起就是不合適的。相反，可以透過將繪本和更短期的目標進行聯結的方式來創造條件反射，例如：承諾孩子每按時完成一天的作業可以獲得兩頁繪本的購買進度，這樣孩子每天都和獎勵有連

繫，聯結也就逐漸建立起來了。

　　需要注意的是，獎勵的性質和吸引力是孩子是否有動力去完成目標的關鍵，但孩子能否將學習本身內化成自己的習慣，取決於自身的投入程度，以及家長能否及時引導孩子真正愛上學習。獎勵只是幫助孩子更好地去培養良好的習慣。家長一定不能將獎勵當作利用和控制孩子的手段，更不能將孩子的一切和獎勵綁死，這樣可能會導致孩子的內驅力不足，讓其所有行為和表現都受到外力的驅動，當獎勵被取消或不能再滿足孩子的進一步需求時，過去的教育和培養，以及孩子對未來的美好期望都會崩潰。所以家長要注意，一定只是對少數非常關鍵、非常難透過日常交流實現的行為和習慣進行引導。良好的習慣會讓孩子受益終生。

◆ 避免不良的次級聯結

　　除此之外，次級聯結的形成也是家長需要注意的，例如：男孩選擇遊戲機作為期末考試的獎勵，家長可以答應，但必須和孩子商量好遊戲機每日的使用時長以及使用方式。家長必須在商量好獎勵的基礎上再給予承諾。如果放任孩子隨意索取獎勵，而獎勵又給孩子帶來負反饋，使其養成不良習慣，那再糾正起來就非常困難了。尤其是因為聯結形成的次級聯結，對其矯正可能會導致聯結的消退。這樣就得不償失了。

整體而言，家長要想利用條件反射理論來引導孩子形成良好的習慣和表現，就一定要注意每一個要素的性質和可能帶來的影響。獎勵要和生活相關，最好不要帶有負面性質，比如：做不好不讓吃飯，這不是聯結，這是負反饋。獎勵本身對孩子來說要有足夠的吸引力，要能驅動孩子改變不良行為，朝著家長引導的方向發展。設立的目標要切合實際，按照教育心理學來說，教學的目標應該比孩子現在的能力難一點，讓孩子既不能輕鬆達成，也不能沒有達成的希望，挫敗孩子的積極性。培養的目標也應該如此，既不要太難，讓孩子無法達成，更不要太簡單，讓孩子輕鬆實現，應該像爬梯子一樣，一級一級，逐步實現。

消退的研究則提醒我們，如果希望孩子養成一個良好習慣和聯結，就必須對孩子的需要做出及時的回饋，對孩子在養成良好習慣過程中的需求給予及時的滿足。例如：如果孩子想學街舞，就答應孩子在學習任務完成後就可以報名，而孩子在學會每一個動作之後向你展示時，你都應該給予積極回饋，只有回饋及時，孩子對舞蹈的興趣才不會消退。

次級聯結的現象則提醒家長，在對孩子的行為進行獎勵時，一定要注意獎勵的性質，獎勵不好或者過重，都不利於孩子的發展。例如：如果獎勵給孩子遊戲機，又不聞不問不管控，孩子的興趣很快就會轉移到遊戲機上，之前的努力就

付之東流了，更嚴重的是，如果因為遊戲機引起矛盾，之前
希望孩子培養的習慣或者行為，可能就會成為孩子避之不及
的禁區，孩子便不會再朝著那個方向去發展。

　　所以家長在使用獎勵來引導和培養孩子時，一定要注意
方式方法，只有正確恰當地使用獎勵來強化孩子的良好習
慣，孩子的成長才可能更加順利。

小結

本章我們詳細介紹了兒童、青少年行為習慣養成背後的心理原因和機制。

第 1 節我們講述了哭鬧和個體生存演化的關係緊密相連，但家長也應該注意到後天哭鬧和無理要求的聯結遷移，這是在社會學習理論視角下我們可以看到的，孩子會模仿其他孩子用哭鬧來獲得不合理需求的滿足。家長要注意分辨孩子哭鬧的原因，尤其要和親朋好友溝通好，教育的問題不能因為面子人情而受到阻礙，很多時候教育不只是家庭內部的事，也是人情互通的問題。

第 2 節我們介紹了關於延遲滿足的實驗，透過實驗我們可以看出，自我掌控能力強的孩子在適應社會生活和延遲滿足上的表現都更加好。家長可以借鑑維高斯基關於近側發展區以及鷹架教學的理論，幫助孩子發展延遲滿足的能力。

第 3 節我們說明了兒童的撒謊行為源於心理防禦機制，並系統介紹了個體在成長過程中可能使用的十六種心理防禦機制，他們統攝在五種機制之下，分別是逃避機制、自騙機制、攻擊機制、代替機制和建設機制。任何心理防禦機制的

使用都是為了保證兒童的心靈能夠保持穩定性，這是有益處的。但家長也要看到，任何心理防禦機制的過度使用都會導致孩子心理發育畸形或者不健全。因此，如何引導孩子正確使用心理防禦機制，才是家長應該做的，也是對孩子未來發展至關重要的事。

第 4 節我們討論了為什麼兒童、青少年會出現霸凌的行為，根據社會學習理論和社會微環境的相關知識，我們發現，兒童、青少年的不良行為主要來自社會微環境、同儕團體，是透過社會學習的方式習得的，並因為不良行為習慣會獲得收益、表揚和他人的讚許而無法自行禁止。家長能幫到孩子的，既有未雨綢繆，防患於未然，讓孩子遠離這種不良行為；更有當不良行為已經養成之後，在不好的行為已經發生時，避免其對孩子造成不良影響，幫助孩子走出困境。這才是家長應該思考的問題，溝通是解決問題的首要條件。

第 5 節我們透過巴夫洛夫關於條件反射的實驗探討了兒童、青少年行為矯正的可能性。第 4 節我們提到了兒童、青少年會習得不良行為，伴隨社會化過程，個體總會獨立面對社會，這是不可避免的。第 5 節我們便透過條件反射、強化和回饋等，為家長幫助兒童、青少年矯正不良行為提供了一條切實可行的行動思路。

第二章

關於行為習慣的正向教育

第三章
關於人際溝通的正向教育

溝通不僅僅是資訊的互換，更是心靈的相互連接。真正的溝通建立在承認、共情、理解、接納和尊重的基礎之上，是懷揣善意和真誠的交流。良好的溝通可以消除心靈間的隔閡，能平息爭端，能促進家庭和諧、改善親子關係，更能幫助家長矯正孩子的不良行為。

導語

孩子的培養和教育，是家長極為關注並努力去做好的一件事，如何將孩子培養成社會適應力強，至少是遵紀守法、努力工作的成年人，是每一位家長持續思考的問題。

對兒童和青少年的教育，從時間上來看，就是如何將孩子從身體、心智、性格等方面，逐漸培育成一個能獨當一面，適應社會變遷和發展的人的過程。如何幫助兒童、青少年順利度過生命早期這段時光，尤其是這段時光對於孩子的未來發展有著極其重要的影響。第一章透過一些發展心理學家關於孩子的語言、概念、性格和生理需要的發展理論使我們了解到孩子成長的關鍵期，家長如果能利用好孩子成長的關鍵期，先一步幫助孩子養成良好的行為習慣，就是真正地讓孩子贏在了起跑點上。

而從結果來看，對兒童和青少年的教育，就是培養兒童和青少年養成良好的行為習慣，避免或擺脫不良的行為習慣。實現這兩個目標需要家長在日常生活中多關注、陪伴孩子，以好的言行舉止影響孩子，並能及時發現兒童、青少年養成的不良習慣，引導孩子及時改正。第二章具體講述了不

良習慣的成因、類型以及如何區分該行為習慣對兒童、青少年來說是好習慣還是壞習慣。

在對兒童的教育中，行為矯正和習慣養成是很重要的方面，但如何才能幫助兒童實現這兩個目標呢？

看完前兩章的家長會發現，每到「送給家長的教養策略」的環節，我們都會強調，家長能給予孩子的助力，首先就是重視溝通。透過溝通，家長可以了解孩子的真實心理需求。溝通對於解決任何問題都是至關重要的，因此，家長首先要利用溝通，了解兒童、青少年的所思所想，在充分共情兒童、青少年的情況下，再根據成年人的經驗來引導兒童、青少年朝著正確的方向前進。

為了說明溝通的重要性，本章用 4 節內容詳細介紹了孩子和家長之間的溝通、言語交流之外的溝通、助推、環境因素以及群體關係等知識，這些都是兒童、青少年成長過程中面臨的溝通情境。

第 1 節我們會介紹一般意義上的溝通，包括社會心理學是如何界定溝通的，溝通的類型，以及溝通過程中能使用的一些技巧。希望這些技巧和溝通情境能幫助家長更好地了解自己的孩子，並在溝通中獲得自己需要的資訊，完成家庭教育和培養目標。

第 2 節我們會介紹行為經濟學和社會心理學前沿的助推

理論，透過助推理論和技巧的介紹，幫助家長更好地完成與孩子的溝通，同時透過側面、潛移默化的方式來影響孩子的行為表現。

第 3 節我們會探討家庭環境、家長構成的兒童初次社會化的場所，如何影響兒童的性格、習慣。這一節我們會看到很多現實的研究和結論，有很多注意細節，需要家長重視起來。

第 4 節我們會看到兒童、青少年在同儕團體中的交流、社會化過程以及同儕團體之間是如何溝通的。怎樣才能判斷一個同儕團體對孩子是好是壞？如何取得孩子的同儕團體的信任？孩子如何更好地融入群體？本節會詳細介紹。

整體而言，本章將家長和孩子之間的溝通作為基本出發點，一路拓展，對孩子可能面臨的溝通情境做了具體的介紹，並且進行詳細的分析，讓家長了解到這些現象都是如何影響兒童、青少年的成長的。

希望家長朋友們能從本章中學習到一些實踐性的溝通技巧，真正助力孩子的成長和成熟。

第 1 節
親子溝通：溝通對兒童青少年的影響

　　兒童、青少年如何和家長溝通呢？尤其是當孩子處於叛逆期時，家長的建議很多時候都會被孩子誤解、曲解，以致孩子不願意接受家長的建議，甚至出現叛逆行為 —— 你不讓我做，我偏要做；你讓我做，我偏不做。遇到這樣的情景家長要怎麼辦？

　　第二章我們具體講述了兒童、青少年可能遇到的各種行為習慣問題，包括撒謊、霸凌、哭鬧、發脾氣等。這些不良行為習慣對兒童、青少年的影響極大，家長需要在充分溝通的基礎上對孩子的行為做出矯正和引導。

　　透過以往的教育失敗案例，我們會發現，無論家長打算做什麼，最忌諱的一點就是用成年人的主觀視角，在完全不考慮孩子的感受的情況下，直接替孩子做出決定。這一點在兒童時期的負面效應可能不是特別明顯，但當個體成長為青少年，叛逆心理萌芽時，這種行為對於親子關係的破壞性空前強大，孩子和家長的關係會變得極其緊張。更重要的是，

家長替孩子做出決定，不能鍛鍊其決策能力，不利於孩子在未來獨自社會化時形成社會適應能力。

家長能為孩子做怎樣的決定？家長如何才能真正幫到孩子？孩子需要什麼？家長如何才能知道？這些問題的基礎都是溝通。家長只有和孩子充分溝通，在理解孩子想法的基礎上，因時因地根據孩子的性格能力，幫助其選擇更加成熟和長遠的發展方向，才能真正幫助到孩子。

那麼，這就產生了另外兩個問題：家長要如何與孩子進行溝通？以及在溝通後家長要如何對孩子給出建議才能讓他接受呢？這就需要我們了解溝通的相關內容，以及溝通的技巧。

首先我們來看什麼是溝通。廣義的溝通是指人與資訊的相互作用，人與機器之間的資訊交流，以及與大自然界的資訊交流。狹義的溝通主要是指社會生活中的人際溝通，是資訊的發送者與資訊的接收者之間的資訊相互作用的過程。

從上述定義中我們會發現，溝通是一種資訊交流的方式，資訊交流一定是源於交流雙方有交流的訴求，或者至少有一方需要交流。這就構成了溝通的三種功能：決策、社交和心理功能。溝通有助於個體解決內心的困惑，可以幫助個體進行社交，更重要的是，經過溝通之後，個體會逐漸形成對決策結果的偏好並最終做出決策。

因此，溝通是極其重要的，但溝通交流過程中我們還要注意溝通雙方的背景，即雙方是否對溝通的具體內容有共同經驗，語言是否相同，對於內容的理解是否一致，還要考慮雙方在溝通過程中可能出現的障礙，例如：一方是不是餓了，是否處於極其恐懼的狀態中。

我們以孩子做錯事家長暴怒為例，這時的溝通就是無效的，孩子對做錯的事情本身可能並沒有任何概念，和家長並沒有共同的經驗和相同的理解，而且家長暴怒時，孩子會處於極度恐懼的狀態中，這時候雙方的溝通不能傳播任何有價值的資訊。

那麼家長何時與孩子溝通，如何與孩子溝通才能取得有價值的資訊，並幫助到孩子呢？社會心理學家對依從和服從的研究，對家長有很強的借鑑意義。

依從的原因和技術

依從是指個體因為他人的期望壓力而接受他人的請求，使自身行為符合他人期望的現象。依從行為是人與人之間發生相互影響的基本方式，依從行為雖然有迫於他人壓力的成分，但主要還是以自主為特徵的。依從在家庭關係中使用得很少，但實際上，依從作為一種有利於溝通的勸說方式，有利於家長更好地了解孩子。

依從和服從不同，服從是指個體在權威命令之下，迫於

規範和壓力，做出指令相關行為的現象。在家庭教育的過程中，服從是一種更加常見和普遍的現象 —— 家長給出指令，不允許孩子吃零食，孩子被迫服從。但有時候，依從是一種更適合溝通交流、達成目的的方式。接下來，我們介紹幾種心理學常見的依從的原因和技術。

依從行為產生的原因有三點：潛在損失危機、互惠心理、喜愛和熟悉。在家庭教育中，後兩者使用的機率更高一些。

像是互惠心理，例如：媽媽讓孩子幫忙打掃，孩子會考慮到自己想讓媽媽買零食吃，如果自己幫忙打掃，媽媽答應買零食的可能性更大，因而選擇完成媽媽的指令。

喜愛和熟悉則是家長和孩子朝夕相處，孩子對家長的喜愛可能會導致孩子無條件地服從家長的要求。例如：之前網路上有某個兒童模特，為了家庭生計，聽從家長的指揮一天換上百件衣服以賺取養家糊口的費用。

潛在損失危機是指兒童、青少年對家長的要求並不熟悉，在擔心拒絕會失去一定好處的情況下，選擇相信家長的建議，接受某一行為。例如：家長要求孩子去上興趣班，孩子並不知道上興趣班能獲得什麼，但由於害怕別人都去了，自己沒去的話會喪失一定的好處，在受到壓力的情況下主動選擇去興趣班。

依從是社會心理學中的一個熱門話題，尤其是將依從和勸導結合起來，可以構成很多商業行銷的典型技巧。所以家長要謹慎使用依從誘導的策略，防止孩子受到的誘導過多，產生厭煩、反向心理，導致依從誘導失效。

依從誘導技術主要包含五種基本技術，分別是得寸進尺法、低飛球策略、留面子效應、過度辯正效應和最低要求啟動策略。接下來，我們對這五種基本技術進行一一介紹。

◆ 得寸進尺法

得寸進尺法（foot-in-the-door technique）源於商業行銷實例，是非常常見的推銷技巧。得寸進尺法本意是指只要銷售員能跨過顧客家的門檻，那他最終一定會實現推銷的目的。心理學家用來形容當人們打算提出一個較大的要求之前，先提出一個較小的要求，從而使得較大要求被接受的可能性大增的現象。

得寸進尺法在商業領域的應用過於廣泛，以至於在多數時候並不能奏效。例如：FB 有時候會看到粉絲專頁的追蹤建議，一開始人們還會追蹤，但一段時間後，發現該粉專開始頻繁傳送各種廣告資訊給自己。這樣的事件多了，公眾對於幫助他人滿足小的需求（如追蹤粉專）後，被要求滿足更大的需求（如頻繁接收廣告資訊）的得寸進尺法充滿了牴觸和戒備，因而這種技術也逐漸被商業棄用。但家庭教育中偶

爾還是會使用該技術，家長可以利用孩子喜歡吃的菜，在吃飯的時候讓孩子吃這種菜，並告訴他喜歡吃這種菜的孩子是好孩子，然後再要求孩子多吃點青菜，說多吃青菜更是好孩子，用這種方式幫助孩子均衡飲食。

◆ 低飛球策略

低飛球策略（low-ball technique）是指個體在他人滿足自己的要求之後迅速提出更大的要求，這時候大的要求被接受的可能性更大。低飛球策略和得寸進尺法相類似，其區別在於，得寸進尺法是小要求得到滿足之後過一段時間再提出大要求，就好像剛開始只要求人們追蹤粉專，後來要求人們對發表的內容進行閱讀、按讚、轉貼、評論和抖內。

而低飛球策略是即時的，小要求得到滿足後立刻提出大的要求，就好像用小球（小要求）去撞擊大球（大要求）一樣。

◆ 留面子效應

留面子效應（door-in-the-face technique）又稱互惠讓步技術，是和「低飛球」、「得寸進尺」相對立的一種現象。它是指要求者一開始會提出總是被拒絕的極端要求，接著將要求退回到一個自己事先想要實現的小要求上。被要求者出於人際關係的考慮，在拒絕了要求者的極端要求後，幾乎都會滿足第二個小要求，這種現象就被稱為留面子效應。

在家庭教育中，家長可以要求孩子做非常苛刻的承諾，例如考試考 100 分、打掃整個樓層、今天不看電視等等。在被孩子拒絕後家長裝作很傷心難過的樣子，隨後將要求降低，例如：改成讓孩子考 90 分、打掃自己房間、今天只看半個小時電視等等，這樣的要求幾乎都會被答應。

◆ 過度辯正效應

過度辯正效應（overjustification effect）是指透過更有吸引力的外部理由替代個體原本實施該行為的內部理由，透過將內部理由外化，來實現對個體此行為的操控。

有一個很好的實例，說有一個心理學家的院子外來了一群孩子，總是在院子外踢球，十分吵鬧，心理學家不堪其擾。有一天，他將孩子們叫到院子裡，邀請他們每天來踢球，並且給他們報酬。這樣一段時間後，孩子們習慣了為了獲得報酬而踢球，心理學家於是開始減少報酬，直到沒有報酬。此時，這群孩子因為沒有踢球報酬了，全都憤憤不平地離開了，心理學家也達到了自己最初的目的。

家庭中如何使用過度辯正效應呢？

家長可以藉此幫助孩子矯正不良行為。例如：孩子喜歡看卡通，家長就每天買一堆零食給孩子並將其當成他看卡通的獎勵，時間長了，孩子就會習慣看卡通時有零食吃，然後家長開始減少零食的分量，直到最後不再提供零食。這樣，

孩子的失望情緒就會越來越濃，直到最後拒絕看卡通。

此外，家長還可以運用這個方法幫助孩子養成良好的行為習慣，例如：告訴孩子做家事就能得到看卡通的許可，這樣，孩子就會逐漸形成想看卡通就得做家事的交換思維。

◆ 最低要求啟動策略

最低要求啟動策略（minimum viable strategy）是指個體向他人提出幾乎不可能被拒絕的要求，被要求者在實際操作過程中會由於考慮自身經濟地位等要素而加倍實現要求的現象。例如：某慈善基金會向大眾進行一元募捐，但實際當人們決定捐獻時，捐獻金額總是超過最低額度。

家長在引導教育孩子的過程中也可以利用這樣的思路。媽媽請求孩子幫自己擦桌子，並要他只擦那一小塊地方就可以了，但實際上，孩子開始清潔時，會做得比家長要求的更多。

上面我們詳細介紹了五種依從誘導技術，但依從誘導也有失敗的可能性。失敗的種類有以下三種，分別是超限叛逆、自我價值叛逆和禁果叛逆。

1. 超限叛逆。

超限叛逆是指由於要求過於苛刻，被要求者在幾乎無法實現要求或接受的刺激過度時，自然做出的一種反應。簡單來說，如果家長一直讓孩子讀書而不給孩子休息的時間，孩子總有一天會受不了而罷工的，甚至可能就此對學習產生厭

惡心理，不再努力學習。因此，家長一定要注意張弛有度，不能把孩子當機器，要多溝通，多商量。

2. 自我價值叛逆。

自我價值叛逆是指人們遇到會威脅自己價值觀的刺激時，出於自我價值觀的保護會選擇反對該刺激。在家庭教育中，如果家長一直強調孩子笨，有些孩子出於自我價值保護，會拒絕和家長進行溝通，因此，家長在教育、言談中一定要注意考慮孩子的價值觀保護，避免打擊孩子的自信心。

3. 禁果叛逆。

禁果叛逆是指理由不充分的禁止會激發人們更強烈的探究欲望。就像神話傳說中，潘朵拉好奇之下打開魔盒，使不幸降臨人間。她越是被禁止，想打開魔盒一探究竟的欲望就越強烈。同樣地，家庭教育中很常見的一幕是，家長越不允許孩子出去玩孩子越想出去，越不允許他去哪裡玩，他越想去，這種禁止會使孩子更加好奇，更可能違背家長的意願。所以在實際教育過程中，家長要分清哪些行為是允許的，哪些行為是堅決禁止的。

綜上所述，家長在教育孩子的過程中，要注意使用依從的勸說技巧，同時要注意不要觸及可能導致反向心理發生的條件。只有這樣，兒童、青少年才能朝著家長預期的方向去發展，實現家長望子成龍、望女成鳳的願望。

送給家長的教養策略

◆ 不要輕易使用勸說技巧

上述勸說的技巧對於孩子來說可以說是百試百靈，比如：透過承諾、低球策略等方式幫助孩子均衡膳食，但在使用這些策略時家長一定要注意一點，不要輕易使用勸說技巧，以免孩子逐漸理解了這些行為的共同點，而在具體勸說過程中形成抗性，逐漸不再聽從勸導。

◆ 溝通內容最重要，形式和技巧只是輔助

家長很容易陷在形式和技巧的陷阱裡，例如：只是買生日蛋糕給孩子，並將之視為表達對孩子愛意和關心的方式，但何種情景、怎樣購買，是有不同含義的。例如：一位父親工作很忙，總是要應酬，好不容易記起孩子的生日，於是在外送平臺訂了一個很大很貴的蛋糕送回家，之後又陷入忙碌的工作中。但他深夜回到家後發現孩子並不在家，蛋糕還沒拆封，一家人都知道孩子今天過生日，但沒有一個人及時趕回來，最後孩子拿了錢和朋友出去玩樂去了，雖然沒發生意外，但親子關係就此凝滯，孩子再也沒有和家長敞開心扉說過什麼。

這提醒所有家長，溝通內容本身才是最重要的，無論使用何種溝通方式和技巧，溝通內容本身，才是親子溝通最本質的互動部分。只有內容本身是良性互動的，親子溝通才能真正幫助孩子成長。

第 2 節
養育助推：間接引導的影響

　　助推（nudge）是近幾年從行為經濟學領域興起的一個概念，它的定義是：任何不依靠命令禁止或明顯的經濟刺激方式，而利用個體在選擇時的行為偏好或非理性行為，以積極的方式影響人們的行為朝可預期方向發展。助推在保證人們自由選擇的前提下，利用人性中的系統性行為偏差對選項進行設計，以低成本、低副作用，甚至無副作用的方式引導人們的決策，幫助生活中選擇易犯錯的人們做出更好的選擇，變得更健康、更富有、更幸福。

助推理論的發展

　　2008 年，理查・泰勒和卡斯・桑斯坦總結之前對助推技術的應用，在其書籍《助推》（*Nudge*）中正式提出助推理論。但實際上，很早就有人使用助推這項技術了。比如：一個作物學家為了迅速普及馬鈴薯種植，對外說自己在培育一種非常珍惜的作物，甚至申請了一隊衛兵來看守，最終在一

個月黑風高的夜晚，一個農民偷偷刨走了所有馬鈴薯苗。這使得馬鈴薯被農民迅速接受、重視，並普及開來。作物學家所使用的就是助推技術。

　　心理學關於是否可以利用個體的非理性產生了兩派對立的觀點，一派以司馬賀和吉仁澤為首，認為人類的非理性可以發展、利用，是可以信賴的。吉仁澤在這樣的思想指導下創造了生態理性和社會理性理論。而另一派以康納曼為首，他認為人類的理性是不可靠的，不值得依賴。雙方對此展開論戰，助推便是在這樣的思想交鋒的基礎上誕生的，而理查‧泰勒對助推的研究，更是將助推技術推向了又一高峰。

　　泰勒的理論研究始於司馬賀的有限理性，泰勒在司馬賀的有限理性的基礎上提出了「有限理性－有限自利－有限意志」三位一體的邏輯體系，這構成了行為經濟學的三大支柱。在三位一體邏輯基礎上，每個個體都會形成心理帳戶，心理帳戶最早也是泰勒提出的。心理帳戶的出現為後續助推技術的使用、發展找到了載體，所有助推技術本質上來說都是對個體心理帳戶的影響，以期對個體的行為產生影響。

　　有學者將助推的各種方式總結如下。

　　針對決策者的助推方法，包括設置心理帳戶（如設置具體的支出或收入帳戶及帳戶關聯，以影響消費或儲蓄等）、預先承諾（提高決策者對特定行為的預先承諾）、預判錯誤

（提高容錯力）、心理啟動（如詢問行為的時間、地點和方式等，以提升對行為的執行傾向，用無關刺激啟動行為傾向）等。作為選擇的源頭，決策者心理狀態的改變會對決策行為產生決定性影響。

針對資訊的助推方法，包括資訊披露、資訊突顯、資訊視覺化、資訊消冗、提供警告資訊等。任何決策都依賴於資訊，透過改變決策者獲取資訊的種類和數量，突顯應重視的資訊，或降低獲取某類資訊的難度等，都可以達到干預決策行為的目的。

針對決策選項的助推方法，決策選項結構、表達方式、關聯誘因等的改變都會影響決策者的偏好。針對決策選項結構的助推方法，包括改變預設選項、改變選項順序、選項結構化表徵、迫選設計、精簡選項（只提供少量重要選項）、精簡維度（篩選保留少量重要維度）、提供中間選項等。針對決策選項表達方式的助推方法，包括正負框架措辭、顯示或隱藏機會成本、改變時間表達方式等。針對決策選項關聯誘因的助推方法包括增加或降低特定選項的成本（或收益）和執行難度、突顯特定誘因、綁定承諾（將特定行為與確定發生或確定不發生的其他行為進行綁定）、自我禁止（自行阻斷進行特定行為的管道）等。

針對決策流程的助推方法，包括簡化決策流程、提供智

慧決策輔助、設置冷靜期（保留修改和反悔的機會）和延後決策等。現實中的許多決策問題往往因決策選項和屬性過多、資訊量過大等原因顯得過於複雜，使決策者無所適從。此時，提供明確和簡潔的決策步驟，如 RECAP（Record, Evaluate, and Compare Alternative Prices），或提供智慧化決策過程輔助，將有利於決策者做出好的決策。

針對決策環境的助推方法，決策環境（包括社會環境和物理環境）會影響人的決策，因為其中往往包含了決策參考資訊或行為誘發因素。相關的助推方法包括社會規範誘導（如提供大部分人的選擇）、社會學習（提供他人選擇的後果）、物理環境改變等。有研究顯示，經常聞到清潔劑的氣味，能使用餐者更傾向於保持餐桌的清潔。也有研究發現，過於正式的商務環境陳設可能使人變得針鋒相對，缺乏合作精神等。

接下來，我們對其中一些方法做簡要的解釋：

* 關於預判錯誤，比如孩子考完試後，大概意識到自己沒有考好，那麼孩子對於自己的預期就低，也就不會產生太大的失落感。

* 關於心理啟動，比如在一個街角放一張很可憐的孩子的生活照，然後在 20 公尺外放一個捐款箱，可能人們的捐款金額就會上升。

- 關於提供智慧決策輔助。大家都網購過，進入網站後發現廣告推薦的商品都是自己近期想要的，於是不自覺中就買下了自己喜歡的商品。

- 關於設置冷靜期，比如買基金，現在一般會 T+1[004] 買賣，就為了讓大家有一個冷靜期。這裡有一個常識，那就是大家千萬別晚上做決策，有研究顯示，人在夜晚情緒最豐富，因此做出決策後最容易後悔。所以，千萬別在晚上買東西、表白、做決策。

- 關於延後決策，它和設置冷靜期差不多。冷靜期是設計一個給你反悔的機會，推遲決策則是幫助你把決策向後推。一個是買好了，你可以取消；一個是買之前可以再想想。

- 關於物理環境改變，有研究發現，昏暗的燈光、自然環境、有自然視野的窗口等，都有助於個體創造力的激發。

- 關於迫選設計，比如買牛肉麵，老闆問你要一顆荷包蛋還是兩顆荷包蛋，這就是迫選，根本不給你不要的機會。

- 關於顯示或隱藏機會成本，比如：有些大學生做家教的時薪是 500 元，看似報酬豐厚，但實際上考慮到備課和通勤成本，可能時薪不到 200 元。

---

[004]　T＋1 是一種股票交易制度，即當日買進的股票，要到下一個交易日才能賣出。

◆ 關於改變時間表達方式，比如有些新開幕的餐廳會說，如果顧客對餐點不滿意，試營運期間可無條件重做，而試營運期間具體是什麼，當然是商家規定幾天就是幾天了。

◆ 關於綁定承諾，比如到中國旅遊，買機票時一看價格是人民幣 800 元覺得很便宜，付款才發現需要 900 元，原因是它綁定了機建和燃油費，只要買機票就得買。

送給家長的教養策略

了解了那麼多關於助推的定義和應用，那麼助推對於孩子的家庭教育和培養，究竟有什麼借鑑價值呢？我們回憶助推的定義：任何不依靠命令禁止或明顯的經濟刺激方式，而利用個體在選擇時的行為偏好或非理性行為，以積極的方式影響人們的行為朝可預期方向發展。不依靠任何強制方式，只是利用被助推者自己的偏好和非理性行為，影響其朝著更加積極的方向發展。這和家庭教育中家長對孩子的預期是一致的。

◆ 目標要合理

我們來看家長如何使用助推技術來幫助孩子更好地成長。先看在心理學中廣泛應用的預設選項技術。如果家長希望孩子能記住更多的單字，那麼在詢問孩子今天能背誦多少個單字時，應該直接問：「你今天是要背 20 個單字還是 30

個單字呢？」這樣孩子的選項被固定了，就不會出現偷懶只背 5 個單字的現象了。

再比如改變內容的表達方式，如果家長打算勸說孩子做某事，就要多從正面、收益的角度表述該選擇。例如：告訴孩子，讀書多的人，修養高、有內涵、受人喜愛，那些很出名的人物私下都有讀書的愛好。盡量不要說到讀書的難處，例如：有些書本內容比較枯燥、艱深難懂等，這樣孩子選擇讀書的可能性就更大。而當你想要勸說孩子不要做某事時，則盡量從損失、負面的角度去表述。例如：看電視會導致視力下降，戴眼鏡又很不方便；長期坐著會影響脊柱發育，還容易讓人變胖等等。透過這種方式來幫助孩子遠離不良的生活習慣。

◆ 營造助推的環境

此外，助推作為一種側面的、非強制性的影響，對家庭教育的啟發不只表現在語言勸導上。

有研究者發現，環境在一定程度上也會助推個人的成長與發展。具體來說，在光線相對昏暗的環境中，個體的創造力更強；處於好聽的音樂環境之中時，個體的創造性和效率也會更高；當人處在天然材料或者自然景觀中時，其身心更加健康和愉悅。還有就是，當個體所處的環境中有一扇可以遠眺的窗戶時，個體的創造力更好，思維更敏捷。

這就啟發家長應該盡量創設類似的環境以幫助兒童、青

少年更好地成長。例如：孩子如果有彈鋼琴或者畫畫的興趣愛好，畫室、琴房的布置就要盡量選擇光線較暗、多植物盆景擺放、有落地窗且能遠眺的房間，可以的話再增加一些適合的背景音樂，這樣能很好地幫助孩子發展興趣愛好。

　　本節要告訴家長的一個道理就是：如果你實在沒有時間陪伴孩子，那至少要在環境等各個側面給予孩子一定的助力，至少不要成為阻礙孩子成長的拖累。居住在麻將館、網咖的孩子，很難形成文靜的脾氣，居住在家長精心準備、能滿足助推要求的小房子裡的孩子，至少能避免這些不良環境對成長的不利影響。

　　環境的物質富裕程度並不是我們關注的重點，重點是能否從培養孩子的角度出發，為孩子營造一個能幫助其成長發展的環境，以助推孩子朝著更優秀、更成熟、更從容的方向進步。

◆ 注意環境和心理的交互作用

　　行為主義學派強調個體和環境的交互作用，並且認為，教育能改變人的本質。

　　助推就是將環境、教育和人的交互，做系統審慎的思考，並有意識地利用交互的技巧，幫助人從根本上成長。

　　助推能幫助個體向好的方向發展，實現積極的飛躍，更常見於成年人族群的相互交流中，但家庭教育中也可以引入類似的技巧，幫助孩子成長。

第 3 節
溝通困難：家長和環境的影響

　　第 2 節我們講述了助推的技巧，以使家長在與孩子的溝通交流中更好地幫助孩子。但孩子和家長應該是怎樣的一種關係呢？

　　你是否見過這樣的例子。一個「屁孩」失手打碎了別人珍藏的手辦，還趁人不注意偷偷丟掉，被發現之後號啕大哭，家長一邊護著孩子一邊振振有詞：「不就是個塑膠玩具嗎？至於嗎？敢弄哭我家孩子，我跟你沒完沒了！」又或者是，「屁孩」把他人推下樓梯，家長還不停強調他還只是個孩子。這樣的新聞近幾年來層出不窮，「屁孩」的行為越來越令人氣憤。

　　此外，一些孩子離家出走的新聞也讓人不禁擔心起家庭教育的問題來。某地 14 歲少年因和家長拌嘴，離家出走 10 日未歸，失聯；某地少年因與母親吵架失手殺死母親，目前在逃……

　　這些例子都讓社會各界反思，我們的教育究竟怎麼了？

親子關係為什麼變成這樣了？

上述問題的一個共同原因在於，家長和孩子的互動、溝通出現了問題。家長和孩子不在一個頻道，家長以為你好、愛你之名傷害孩子，孩子不停地反抗並成為所謂的「屁孩」，或接受家長的教育，將生活、家長、家庭給予的不滿宣洩給其他人。孩子並不是最應該被我們譴責的主體，孩子只是白紙，所謂赤子之心，即不近善，不知惡，不畏死亡，不知恐懼。

他連生死都不害怕，你指望他知道什麼是善惡美醜，就是苛責了。但家長不一樣，作為已經開始養育孩子的成年人，沒有足夠的教養和 EQ，一味地認可情大於理法，大於一切利益（別人的），是很荒唐可笑的。

就「屁孩」現象頻繁出現的本質來說，這展現出家長作為成年人幼稚心理的一面：我家孩子那麼嬌貴，全天下都得讓著他。這種心理本質上是家長主角幻想被現實打破後在孩子身上尋求補償的一種幼稚心理。我可以不是拯救地球的主角，但我的孩子必須享受英雄後代的待遇，全天下都得讓著他，他要一帆風順、快快樂樂地長大。正是家長的這種錯誤心理最終導致了類似問題的存在。

幼年時期的家庭教育對孩子的一生都有至關重要的影響，蠻橫的家長甚至可以消除學校教育對孩子的有利引導，

老師說要乖乖聽話，而孩子一回家就又變成小霸王，但凡孩子有點悶悶不樂，家長都會到學校裡去鬧。這種情況下，學校教育在孩子心中的威信力大大降低，致使孩子缺少必要的社會教育，社會化進程受到阻礙。

家長很多時候對自己帶給孩子的重要影響沒有清晰的認知，家長是孩子社會化最早的對象和導師，家庭是孩子社會化最主要的也是最初的場所。可以說，孩子的性格能塑造成什麼樣，童年經歷很大程度上就下了定論。那家長在孩子童年時期，要怎樣更好地影響孩子？

送給家長的教養策略

◆ 做孩子的行為榜樣

如前文社會學習理論所述，家長是孩子觀察學習的第一個樣本，家長的行為很多時候決定了孩子的行為。一個吸菸的家長很難教育出一個不吸菸的孩子，一方面是因為孩子觀察到的吸菸的次數太多，對吸菸的動作太熟悉，容易復現；另一方面，當孩子嘗試模仿和復現時，家長的禁止和其理由並不充足，因為家長本身也吸菸，理由不充分的禁止只會引來禁果叛逆心理，讓孩子養成更加穩定持續的壞習慣。

◆ 充分、平等、有效的溝通

我們透過一些訪談和調查研究發現，就像列夫‧托爾斯泰《安娜‧卡列尼娜》中的那一句：「幸福的家庭都是相似

的，不幸的家庭各有各的不幸。」成年後表現突出並且社會適應力強的個體，多半來自一個家庭教育良好，家長和孩子的溝通平等自然的家庭。

而上述社會新聞中的孩子，多半缺少家長的關愛和陪伴，平時親子溝通交流更少，孩子缺少溝通引導慢慢形成了固執偏激的性格，再加上家長總是習慣從其他方面補償孩子，最終就造成孩子習慣了無理取鬧，無論什麼要求都要得到滿足。

當孩子已經形成了這樣的觀念，家長才開始改變自己的態度，嘗試教育孩子時，教育的關鍵期已經過去。簡單粗暴的管教只會導致孩子的反向心理和對抗，甚至出現上述的反社會、反人類行為。家長該如何避免這種悲劇呢？

我們需要了解到，所謂的溝通交流，是指充分有效的溝通，這裡的溝通是指有資訊產生的溝通，並不是要求家長一直陪著孩子，這不現實。

家長即使一直陪著孩子，有時候並不會從溝通中獲得有效資訊。例如：有些富庶的家庭，家長一方甚至雙方可能都不需要工作，只需專心陪著孩子，但兩人只在乎自己的訴求，對孩子更多的是哄和鬧著玩，並不把孩子當作平等的一分子，不了解孩子的內心，只是一味地強調自己的經驗和看法，最終和孩子溝通不順暢。相反，即使是在時間不充足的

情況下，家長如果能讓孩子了解自己的境況，並理解孩子的想法，家長和孩子之間的溝通就能產生有效的資訊傳遞。

　　例如很多貧窮家庭，家長每天起早貪黑、養家糊口已經很累，但孩子和家長的溝通就是有效的，因為孩子理解家長的處境，而家長也盡最大的努力在各方面照顧孩子，相對於前述富裕家庭的「巨嬰式家長」而言，這樣的家長和家庭教育可能對孩子的未來發展與成長有更大的幫助。

◆ 營造良好的養育環境

　　如果說家長和孩子的溝通是家庭教育的主體活動，那麼家庭環境就是孩子獨自探索這個世界的首要場所，也是孩子待的時間最長的社會化場合。因此，如何設置家庭環境，如何從孩子的角度思考家庭的意義，才是家長需要思考的問題。

　　「入鮑魚之肆，久而不知其臭；入幽蘭之室，久而不聞其香。」家長和家庭環境對孩子有潛移默化的影響，因而在具體的家庭教育中，家長一定要努力營造好的教育方向和教育環境。

◆ 注意溝通的方式和內容

　　所謂好的教育方向和環境，並不只意味著給予孩子優越的生活環境和足夠的陪伴，很多時候，家長很容易將陪伴等同於溝通，甚至是有效的溝通。有效的溝通必須產生價值，

對教育方向本身產生影響。好的溝通並不以長久的陪伴作為前提條件,正相反,很多時候有效的溝通都發生在短短幾句話的交流中,這樣的溝通一般都是高效且在不經意間發生的,因此家長在和孩子對話時一定要注意措辭和表達的意思。

有些家長大大咧咧,習慣在孩子面前百無禁忌,但正是這樣隨意的態度,才導致孩子從家長處習得非常多的壞習慣,如吸菸、撒謊、罵人等。這些習得壞習慣的孩子又在同儕團體中將這些壞習慣傳播擴散,形成一條壞習慣的傳播鏈,這就是霸凌行為的擴散傳播鏈。

想要戒除這樣的壞習慣的傳播和擴散,就需要家長在最早期的教育過程中,給予孩子一個孕育良好習慣的體驗環境,去抵擋不良習慣的影響。

關於家庭教育環境方面的知識,很多母嬰教育的書籍都會寫很多,例如:家裡的家具都選用圓角的,材質盡量選擇柔軟而堅韌的,這樣孩子在橫衝直撞的過程中就可以減少傷害。

但實際上,長在溫室裡的花朵,並不能抵禦真實的殘酷,良好、溫柔的家庭環境並不能幫助孩子形成對抗世界的能力,良好、溫柔的家庭環境並不能保證孩子在戶外運動不受傷害,甚至會導致孩子形成錯誤的觀念:沒有東西會傷害

到他。因為即使他在家裡摔倒多次，依然毫髮無傷，即使他不停撞擊碰到桌角，也並不感覺疼痛。這樣的家庭環境雖是理想化的，但對孩子的發展帶來的阻礙可能多於幫助。

◆ 學以致用，創造良好環境

家長該如何布置家庭環境來幫助孩子發展呢？

我們首先來回憶之前學到的理論，佛洛伊德認為孩子會經過口腔期、肛門期、性器期、潛伏期等，也就是說，孩子在不同階段有不同的需求。家長可以根據理論指導，對裝潢的設置做一定的改變，例如：孩子處於口腔期時，家長可以在家裡多擺放磨牙棒、奶嘴、零食、乳酪棒等利於咀嚼的東西，滿足孩子的需求。

再例如：皮亞傑的認知發展理論認為，孩子會經過感覺動作期、前運思期、具體運思期和形式運思期。孩子處於感覺動作期時，家長可以透過購買注音掛圖、九九乘法表、積木、拼圖等利於孩子認知能力發展的掛件或玩具，促進孩子的智力發育。

對家庭環境的設置，取決於家裡的孩子處於怎樣的階段。家長要根據孩子的年齡、智力發育狀況、興趣愛好等，合理設置家庭環境。就好像維高斯基的鷹架式教學：設置的環境一定要能給予孩子一定的啟發，促進孩子的成長，而不是僅讓其停留在本階段中。例如：一個 10 歲的孩子，家長就

不應該將其臥室設置成糖果屋等幼兒化的裝飾風格了。

　　人初生時，究竟是怎樣的狀態？前面說過，洛克認為人先天是一張白紙，毫無經驗，人的性格、觀念，都是後天學習得來的，白紙上有什麼都是由後來經歷所塗抹的。也就是說，你所呈現的狀態，表明了你所有的經歷。

　　哲學家柏克萊認為人像是一塊大理石，我們所做的所有努力，只是為了雕刻和打磨，將自己打造成自己所追求的狀態，也就是心理學上所說的米開朗基羅現象（Michelangelo phenomenon）。

　　但無論人初始是怎樣的，未來的發展成就又如何，不可否認的是，環境和教育對個體造成的影響，比我們想像中的可能更大。尤其是幼兒時期，家長和家庭環境構成了孩子的全部，在這樣的情況下，孩子的發展、成長，都受到整個家庭構成的環境的影響。因此，家長必須重視家庭和孩子的互動，根據孩子的成長階段，因時因地調整環境設置和交流溝通方式。

第 4 節
團體間偏差：同儕團體的影響

對於孩子來說，家長和家庭是自己接觸世界的開端，是社會化的初始階段，具有極其重要的影響。但伴隨孩子的長大，教育和社會化的重心會逐漸從家庭轉移到學校。

從孩子去幼稚園開始，家長對孩子的作用和影響似乎就可有可無了，但真實情況真的是這樣嗎？兒童、青少年在學校的所見所聞、所思所想，都會在家庭中討論、分享，家長就可以在這裡著力幫助孩子成長。孩子入學後，與他人的交往會成為其生活的主流，小圈子、社交團體，就會自然而然地形成。

群體的身分認同，對於孩子的成長來說同樣是一個非常重要的影響因素。舉例來講，如果一個孩子一直以自己是好學生為豪，就會努力保持自己的身分，好好讀書，以加強自己的身分認同。但另一方面，如果群體的身分認同有問題，以不良行為為傲，那對孩子的不良影響就難以言喻了。

還有一種情況，一個成績普通或較差的孩子由於在群體

中無法獲得認同，就容易變得叛逆，產生反向心理，可能會加入不良團體，並從不良團體中找到歸屬感和認同感。就此想盡各種辦法來維持自己在不良團體中的地位。

而他之所以這麼做是因為他認可了不良團體，對他而言，他的身分認同是不良團體，他並不在乎其他人對自己的看法，只要能保持自己在群體中的地位，孩子並不認為自己是有錯的。這樣的例子非常常見，但很多家長並不能理解自己的孩子為什麼「自甘墮落」，和壞孩子一起玩。

這裡我們要介紹馬斯洛的需求理論，以此來解釋為什麼有的學生會沾染不良習氣，甚至死不悔改。

馬斯洛的需求理論是心理學中非常有名的一個理論，也可以說是最為人信服的理論之一。馬斯洛提出，人有各種欲望需要滿足，每個階段人們的需求不同，對應的滿足程度也不同。[005] 例如嬰兒，只要滿足他的生存和安全需求，嬰兒就會很滿意地不再哭鬧。

到青少年時期，人的需求會變多，生存和安全的需求依舊存在，但這時個體會提出愛與歸屬的需求、自尊的需求。青少年時期，人的自我意識覺醒，對尊重的需求和歸屬的需求格外強烈，甚至可以為此放棄一定的基礎需求 —— 生存和安全需求。這也就是為什麼青少年很容易加入不良團體的原因。

---

[005] 〔美〕馬斯洛・人類動機理論・

不良團體會為成員提供一種歸屬感，滿足了個體的自我認同需求，再加上個體在青少年時期處於角色認同的混亂時期，這也就導致了很多學生會自願加入不良團體。

近來的研究發現，個體的群體忠誠度越高，就越容易忽視群體外成員的處境，越容易視群體利益最大化為主要目標，從而與群體外成員對抗競爭。甚至在一定程度上，高群體忠誠的個體會表現出更多的群體外暴力行為，更加支持群體間的戰爭。

這也就要求家長，在平時的社會化過程中，要和孩子仔細溝通，尤其是面對孩子歸屬群體的選擇時一定要謹慎對待。群體內部的交流和耳濡目染會對孩子的行為產生極大的影響，因此，家長一定要多和孩子溝通，了解他的人際關係。家長還要幫助孩子認清一點：群體是變化的，任何群體都是由人構成的，對群體的忠誠或者說依賴程度可以有，但不能過度，對群體的不合理熱愛會導致對其他群體的敵視，甚至帶來衝突。

社會心理學家用內團體偏私和外團體偏誤來解釋上述現象。社會心理學家經過研究提出了群體內存在的內團體偏私現象和外團體偏誤現象。由於群體是由一些價值觀、理念、智力水準、年齡、性格都相近的個體構成的，人們會對自己熟悉的東西有更多的喜愛，所以個體對群體內成員的包容

性更強，這也就是為什麼在群體內部發生一些不良行為時往往會被容忍。與之對應的是，個體不熟悉群體外成員，尤其是面對陌生人時，個體會表現出更多的敵意，越是對群體認同，越是對群體外成員含有貶低的看法。

內團體偏私和外團體偏誤就構成了孩子們樸素的價值觀：小圈子裡的朋友對我很好，誰敢說他不好就是說我不好；陌生人我都不認識，肯定沒有我的朋友們好。這就是孩子們中間總會發生矛盾爭鬥的原因，簡單來說，這就是群體間摩擦的結果。

此外，還有一種非常反常的群體現象，內團體偏誤和外團體偏私。這樣的群體取向主要出自弱勢族群。當個體處於弱勢族群時，他就會排斥、拒絕弱勢族群這個標籤，對群體內成員就會充滿鄙視和排斥，因此形成了內團體偏誤；同時，他會對群體外成員充滿羨慕，形成外團體偏私。

群體間的交流和偏好，是社會心理學家關注的一個熱門領域。青少年和他人發生衝突時，很有可能會牽扯到群體間的競爭。如何緩解群體間衝突，讓兒童、青少年可以在正常穩定的環境中茁壯成長？一些心理學家透過實驗給出了建議。

美國心理學家謝里夫做過一個著名的團體實驗 —— 夏令營實驗。謝里夫曾在羅伯斯洞州立公園，召集了 22 名家庭

背景相當的孩子，並將其分別安排在公園的不同地方進行自由活動。一段時間後，謝里夫召集孩子們開始實驗。第一階段中，他要求孩子們隨機分成兩組，分別在各自的區域內活動，並透過口號、隊名、共同目標等方式來鞏固小組內的關係。伴隨著任務的深入，個體逐漸認同組織內部的關係，在其建立一定的集體榮譽感後，實驗進入第二階段。

第二階段中，兩組孩子會被要求做一些競爭性的活動，如拔河、接力賽等，勝利方會獲得零食作為物質獎勵，還會獲得一定的象徵性獎勵，如獎牌、紅綬帶等。隨著競爭的逐漸深入，兩組成員之間的摩擦、衝突越來越多。有些孩子開始嘗試透過破壞對方組的物品來贏得勝利，還會為對方成員起侮辱性稱號，甚至不和對方成員同屋吃飯。兩組成員相互的敵意和對立，正像我們前面所述的內團體偏私和外團體偏誤。

謝里夫意識到下一輪實驗的條件已經成熟。下一階段中，謝里夫斷絕了所有孩子的水源和食物，集中所有成員的力量完成新的任務，以獲得食物和水源，兩組成員被迫要合作。面臨生存威脅，兩組成員不得不配合起來完成共同的目標。實驗進行了幾輪之後，兩組成員間的敵意和競爭不斷減弱，可以和平共處。

實驗的最終結論是，目標決定了群體間相處的狀態：共同目標有利於削弱群體間敵意，使得成員之間友好相處；競

爭性目標，尤其是你得我失的零和賽局，會使得群體間的競爭增加，甚至導致衝突。

謝里夫的實驗告訴我們，想要消除群體間的敵意，尤其是減少摩擦和競爭，共同的團隊目標是很有必要的。因此，家長應該倡議學校，多舉辦團隊建設性活動，如春遊、趣味運動會、集體表演等，共同目標有利於孩子間彼此了解，消除敵意，減少暴力事件的發生。

送給家長的教養策略

綜上所述，家長應該在兩方面注意孩子的動向：一是孩子和群體小朋友之間的交往，尤其是到了轉變期，例如：升學後的班級分配，新認識的朋友會很快形成小團體，家長要注意和孩子溝通，從孩子的角度，透過孩子在交流中傳遞的資訊，來判斷孩子的朋友以及將要形成的團體是否適合孩子。二是團體形成後，家長要注意小團體本身的屬性，如果是一群愛惹是生非、性格暴躁的孩子組成的團體，家長就需要盡快和老師溝通，幫助孩子擺脫圈子的影響。如果團體小圈子在班裡和其他小圈子矛盾重重或總是出現摩擦，家長、老師、學校就應該努力創設一些有共同目標的環境，具體如下。

◆設置合作的共同目標

謝里夫的實驗發現，競爭性目標會導致兩組人反目成仇。現實生活中也是這樣，學校裡最常見的朋友決裂就是雙

方目標發生衝突，比如：兩個好朋友都想競選班長，雙方互不相讓，競爭激烈；兩個孩子都想和另一個孩子交朋友，兩個人暗地裡較勁，四處散布對方的謠言。

惡性競爭的土壤，種不出團結友善之花。為了避免惡性競爭和同伴關係惡化，家長和學校應該共同建設合作雙贏的機制。成績作為選拔人才的標準，競爭不可避免，但我們可以模糊競爭的性質，例如：目前教育部有明令禁止公布學生成績排名，就是一個很好的模糊競爭性質的方法。還可以豐富學生的生活，例如：多舉辦排球賽、大隊接力賽等集體活動，展現合作精神。或者設置抽獎活動，將競爭目標轉移到機率上而非同儕團體上，這樣能幫助孩子構建良好的同伴關係。

◆ 建立良好的溝通管道

很多校園霸凌的發生，源於同伴之間的不良溝通，以致產生了誤會。只有增進同儕團體間的溝通交流，才能解開誤會，消除存在的敵意，最大限度上減少霸凌的發生。

有些學校會開設心理諮商室，透過了解學生最近的心理狀態，來疏解誤會和敵意。有些家長做得很好，他們對孩子在學校的活動很感興趣，對於發生的霸凌和侵犯行為也能嚴肅客觀地對待，並和老師一起努力，幫助班級建立良好秩序，形成友善團結的氛圍。例如：邀請孩子的同學們一起去

電影院看電影，並帶很多零食分給同學們一起吃；帶大家一起去參觀紀念館，還會替其他小朋友拍照等。

◆ 創造直接接觸的管道和機會，減少誤會

社會心理學認為，消除歧視和偏見最好的辦法就是直接接觸。學校和家長應該盡力配合，創造同儕間可能的接觸環境，例如：一起大掃除、一起玩遊戲等。在互動的過程中，同儕間的很多誤會也就消除了。但一定要注意方式方法，不要導致傷害的加深，這就需要家長關心學生互動的內容，多設身處地地溝通交流。

小結

教育的本質是什麼？是更富有經驗的個體向年輕的個體或新手講述自己的經驗，以使其逐漸明白成熟者意思的過程。在傳達經驗的過程中，溝通顯得尤為重要，尤其是後人經過一番總結發現，溝通中存在許多技巧，能幫助人達成自己的目標，幫助年輕個體接受成熟者的看法，助推後人茁壯成長。

廣義的溝通是指透過人與人之間互動的方式，將自己想要表達的意思傳遞給對方。這裡的溝通方式，包括但不限於語言交流、肢體接觸、眼神示意、類比演示、書面表達等。所以在本章，我們詳細講述了孩子和環境、家長、學校、同儕團體等的溝通交流的方式，以及這些因素又是如何影響到教育效果的。

第 1 節我們詳細介紹了依從的技巧，並了解到很多心理學現象與效應，都在消費、商業領域被應用得爐火純青，但有可能進一步產生反作用，這提醒我們的家長朋友們，一定要注意技巧使用的時機和範圍，若過度使用或使用不當，適得其反就得不償失了。

第 2 節我們具體介紹了心理學理論應用前線的助推技巧，並簡要介紹了幾個常用的助推方式，限於篇幅長度，更多常見的助推技巧，例如：預設選項、心理帳戶以及損失厭惡等，並沒有在本節中提到，感興趣的家長可以上網搜尋到更多的實例。使用過程中，家長一定要注意不要引起孩子的厭惡情緒，不然只會帶來更多教育失敗的經歷。

助推的本質正如前文所述，是側面用力，助推是指任何不依靠命令禁止或明顯的經濟刺激方式，而利用個體在選擇時的行為偏好或非理性行為，以積極的方式影響人們的行為朝可預期方向發展。助推就是在溝通的非意識領域內拓展影響力。助推的目的是於無形中對對方的選擇行為施加影響，這一點和家長對孩子的教育目標相符，因此家長在與孩子溝通交流的過程中應該多用助推方式對孩子加以引導。

第 3 節我們回到了教育的原點 —— 家庭。透過對家長、家庭環境和孩子的共同交流互動的探討，我們發現，家長對孩子的影響頗深，家長的教育和家庭環境的布置，以及家長和整個家庭共同營造的孩子的早期經歷，極大地影響了教育這束光線的指向，究竟是指向光明，還是暗淡。也就是說，家長對孩子早期成長的影響，很大程度上決定了孩子未來的發展方向。

本章根據一些實證研究，給出了家庭環境設置中的一些

建議，例如：較暗的燈光、柔和的音樂、天然的材料和可以遠眺的窗戶，都有助於孩子創造力的激發。

關於孩子在幼兒時期的家庭布局，本書認為環境設置不需要太柔軟，這樣會讓孩子形成錯誤的觀念，認為所有地方都會如此。溫室中並不能養出適應社會、自然風暴的花朵，家長應注意孩子堅韌性格的養成。

第 4 節我們介紹了孩子對群體身分的認同，並從馬斯洛的需求理論找到了有些學生「自甘墮落」加入不良團體的原因。對歸屬和尊重的需求會伴隨人的一生，所以家長不只是要避免孩子和不良團體的接觸，更重要的是幫助孩子找到一個合適的小團體，增強孩子的集體榮譽感。不良團體會做出非常多的極端事件，新加入團體的學生甚至可能做得更極端，以獲得團體的認同。

有實證研究顯示，當個體處於群體中，且對群體的忠誠度很高時，他對群體外成員的處境就會毫不在意，甚至對群體外成員的暴力行為也會有所上升。因此家長一定要注意引導孩子，不要讓其將群體視為自己生活的全部，要注意打破其對於群體的盲目忠誠。

綜上所述，溝通是教育的第一前提，只有相互了解對方的意圖，孩子才可能從經驗更多的成年人身上獲得正確的教育。

　　本章詳細講述了家長要如何和孩子溝通,如何勸導孩子依從自己的規勸和意見,如何讓孩子在和家長以及環境的交互中獲得更多的成長,以及一些助推手段的應用。本書還探討了該如何幫助孩子與同儕團體相處,要注意滿足孩子對於歸屬感的需求。這些內容都是為了讓孩子在成長過程中能獲得又快又好的發展,事半功倍地達成目標。

第四章

關於情緒管理的正向教育

成功的祕訣就在於懂得怎樣控制痛苦與快樂這股力量,而不為
這股力量所反制。如果你能做到這點,就能掌握自己的人生;
反之,你的人生會始終處於動盪變換之中。

導語

有作家這樣形容人的情緒：如果這世上真的有地獄，那就存在人們的心中。

經濟學、社會學和心理學有一個跨學科交叉融合的課題 —— 金錢和幸福感的關係。目前的研究構建了一個有趣的悖論 —— 伊斯特林悖論（Easterlin paradox）：在經濟發達地區，人們的幸福感會隨著收入的提高而逐漸下降；在經濟不發達地區，人們的幸福感會隨著收入的提高而不斷上升。

以至於後來有學者將微笑曲線引入該領域：收入到達一定臨界值之前，個體的幸福感水準會隨著收入的提高而上升；在臨界值之後，個體的幸福感水準會隨著收入的提高而下降。對後半部分收入提高但幸福感水準下降的現象，有學者解釋說，收入處於該層次的多是中產及以上階級，他們會有階層下落的焦慮和工作的壓力，因此，即使收入高於普通人，一部分中產階級過得並不幸福。

社會上不時蔓延著這樣一股風氣：販賣焦慮，追求「短平快[006]」的成功，顯得極其急躁。那麼，在此環境下，社會

---

[006]　指投資報酬率高、成本回收快。

化不完全的孩子處於怎樣的狀態中呢？他們的情緒控制會受到社會風氣的影響嗎？

我們從一些社會事件中可以窺見一些端倪：因家人阻攔玩遊戲憤而殺死全家的 13 歲少年；因和奶奶拌嘴抄起農具打死老人的隔代教養兒童⋯⋯另外，校園霸凌事件這些年也越來越多，背後的原因簡單、草率得令人瞠目結舌：有的是懷疑被霸凌者跟老師「打小報告」，有的是懷疑被霸凌者在背後說自己的壞話，有的是懷疑自己東西被偷了，有的是和家人吵架後氣不過⋯⋯這些現象和幼稚的藉口從本質上來說，就是個體無法控制自己的情緒。

情緒是一個人的心理狀態和自我控制能力的展現，那麼如何才能提高自我的情緒控制能力呢？

提高自我情緒控制能力，第一步要求我們認識情緒、了解情緒，只有知道情緒的基本分類，了解情緒運行的機制原理，明白情緒的出發點和啟發源之後，我們才有可能掌握自我的情緒，努力成為自我情緒的掌控者而不是情緒的奴隸。這就是本章第 1 節要介紹的 —— 情緒的基本分類及相關理論。

一般而言，負面情緒會導致個體情緒失控，使個體做出反社會、反人類的行為。負面情緒包括憤怒、絕望、後悔、鬱悶等，但有心理學家在做夢境分析和心理諮商的過程中發

現，個體的大部分負面情緒，細究之下都離不開自卑心理，自卑是人在生存過程中的一種常見的心理狀態，人只有感到自卑、受到威脅時才有動力去努力、去進步，才能超越自己現有的狀態。本章第 2 節會具體介紹新精神分析學派的代表人物阿德勒關於個體自卑情結的一些觀點，來幫助家長更好地理解孩子在生活中的一些反常行為背後的心理機制。

除了自卑，孤獨的心理狀態也容易引發人的負面情緒，比如：在當今社會中，隔代教養兒童是容易出現心理健康問題的族群之一。隔代教養兒童是指那些常年無法和父母見面，只能和爺爺奶奶等老人一起生活的孩子，他們之所以容易出現心理健康問題，究其本質而言，就是因為孤獨。孩子對父母的期望、對父母承諾的希冀，都會伴隨承諾無法實現、父母遲遲未歸而逐漸轉化為憂鬱、懷疑、失落等情緒，最終帶給孩子強烈的孤獨感。本章第 3 節會具體講述孤獨對孩子的意義，父母不在孩子身邊的情況下，該如何引導孩子讓其享受獨處，而不只是排解孤獨。

第 4 節我們會講述如何引導孩子處理這些負面情緒。書中透過實證研究的結論來說明，有些負面情緒我們可以獨自消化、自我解決，但有些負面情緒的處理可能就需要同儕團體、家長的傾聽和支持。負面情緒不利於孩子的身心健康成長，因此，我們需要對孩子的負面情緒格外關注。

第 5 節我們會講述所有孩子都會面臨的一個問題 ——
去中心化，也就是逐漸褪去主角光環，成長為一個普通人。
這是孩子成長時期中最困難、最難以擺脫的幻覺，只有不受
到該情結的影響，孩子才能在很多活動中表現得更加自然自
如，而不是表現得極其反常，過度害羞或者拒絕。與此同
時，在承認自己是一個普通人的情況下，我們應該如何引導
孩子，提升自己的自我價值感，讓其懂得即使是普通人也能
活出自己的光彩。

只有在處理好孩子成長過程中可能遇到的各種負面情緒
和情結的基礎上，教育和溝通才能真正落到實處。也只有在
處理清楚各種不利於孩子成長、阻礙孩子身心發展的負面障
礙的情況下，家長才能放心讓孩子獨立接受社會的同化，放
心讓孩子獨自成長。

第 1 節
EQ 教育：從認識情緒開始

　　隔壁兩口子吵架，吵得不可開交，孩子在哭，電視機不斷發出雜訊，你完全睡不著，煩躁地擺弄著手機；逛街途中你聽見有位家長氣急敗壞地呼喚著走失的孩子，身邊別人家的孩子被嚇得哇哇大哭，旁邊一對年輕靚麗的女孩說說笑笑地走過，背後邊走路邊玩手機的人不小心撞到你，連連道歉，你有些昏沉地向前走著；家中長輩過生日，一家人和和氣氣地聚會，長輩紅光滿面，孩子個個開心，長輩也笑容和善，場景其樂融融，一切都是那麼美好。

　　無論是哪種場景，你的所有經歷都擺脫不了情緒的參與。有人說情緒是人生命的原動力，沒有情緒就沒有蓬勃旺盛的生命力。沒有情緒的人，他的生活就像看電影一樣，即使電影內容再精采，對他來說也只是過眼雲煙。這也是為什麼我們將一個對生活沒有興趣、感覺和情緒的人稱為「行屍走肉」，也就是說，他喪失了對外在世界的敏銳感知力，由人變成了毫無感覺和反應的物體。

　　這也是我們強調情緒的原因。一個孩子如果被教育得服服貼貼，只知道順從和聽命令，是長不大的，他喪失了作為一個人獨立處理事務、感知世界的能力。

　　如何教導一個孩子成長為社會適應能力強，能夠獨當一面，從容應對任何問題的成年人？前文說了很多，無論是認知能力、運算能力、語言能力的早教培養，還是家長和孩子溝通中可以使用的溝通技巧，再或者孩子在社會化過程中家長給予的助力，這些都有利於家長實現教育好孩子的目標。除此之外，教導孩子處理好自己的情緒同樣非常重要。

情緒的基本內容

　　了解情緒的第一步是知道什麼是情緒，情緒的基本定義是什麼，情緒的分類是什麼，情緒又是如何影響人的。本節會詳細介紹情緒的基本內容，以幫助讀者朋友們了解我們生活中最重要、最常見的幾種情緒狀態。

　　19 世紀以來，心理學家對情緒的定義做了長期複雜而深入的研究，對情緒的實質提出了各種各樣的看法，但情緒和情感的極端複雜性導致目前學界中還沒有一個一致的結論。

　　比較主流的說法是：情緒和情感都是個體對客觀存在的事物的一種態度、體驗以及相應的行為反應。這種說法側重於說明情緒是個體的願望、需要等主觀心理變數和客觀的事物、情境的交互作用的產物，當客觀事物和主觀動機相一致

時個體就會產生積極的情緒；反之則會產生埋怨、憂鬱、憤怒、生氣、沮喪、失落等負面情緒。例如：肚子飢餓，想要吃東西的人享受了美味大餐，就會感到滿足、快樂，產生積極的情緒和情感；但若是個體的食慾遲遲無法得到滿足或者吃到的東西乏善可陳，個體可能會產生不滿意、否定、苦惱的負面情緒。

　　一般認為，情緒和情感是由獨特的主觀體驗、外部表現和生理喚醒三部分構成的。主觀體驗是指個體對客觀存在的態度所引發的不同情緒和情感狀態的自我感受。每種情緒都會有不同的主觀體驗，又受到個體獨特的知識結構、文化背景和心理資本的影響。例如：一個成功的政客能夠做到寵辱不驚；而一個孩子面對誇獎時會喜笑顏開、手舞足蹈，面對批評時則會沮喪失落、悶悶不樂。

　　情緒的外部表現也就是我們常說的表情，它是個體面對情緒時產生的可以用來衡量個體情緒強度的動作量化形式，包括面部表情、姿態表情和語調表情。面部表情如喜笑顏開、愁眉不展等；姿態表情如手舞足蹈、捶胸頓足、摩拳擦掌等；語調表情如抑揚頓挫、慷慨激昂、泣不成聲等。

　　生理喚醒是指個體處於情緒狀態中的生理表現，例如：有些人生氣時會滿臉通紅、眼眶發紅，有些人則是害羞時滿臉通紅。最常見的生理喚醒是緊張引起的肌肉收縮、嘴唇發白等。

　　了解了一般情緒定義及其包含的基本要素後，我們就可以辨別孩子的一些情緒了。例如：孩子說自己肚子痛，但他的表情正常、語調有力，身體也沒有任何不適的表現，我們就可以斷定他說謊了。

　　此外，家長能辨別孩子的情緒有利於更好地實施家庭教育。例如：孩子失手打碎了一個碗，心裡惴惴不安，告訴家長後，家長應該先觀察孩子的表現。若孩子看起來泫然欲泣，身體微微顫抖，表情掙扎痛苦，家長就應該出言安慰，給予孩子支持。如果這時候家長不管不顧，對孩子好一頓發火，那孩子和家長順暢溝通交流的可能性就會在這樣一次次的情緒宣洩中逐漸消失，最終孩子會關上心扉，而家長還覺得是孩子的問題。

　　接著我們來區分情緒和情感。過去它們被統稱為感情，情緒和情感一般來說不做區分，但隨著心理學對情緒的深入研究，情緒和情感的區分也就越來越清晰。簡單來說，情緒是一種即時的、較為猛烈和突然的主觀成分，人和動物都擁有，更像是一種生物本能。例如：貓在受到驚嚇後會炸毛，並迅速跑到一邊，人在遇到驚嚇時會表現出類似的反應。

　　情感是一種基於主觀認知，受個體知識結構等影響的認知性反應和體驗，該體驗較為穩定，輕易不會改變，是人類所獨有的。這一點非常關鍵，正是因為情感是穩定的，不會

輕易改變，所以我們要知道家長在幼兒期、青春期這兩個關鍵期能幫助引導糾正的部分就是孩子的情緒部分。情感的矯正和引導在兒童時期和孩子形成自己的知識儲備的過程中實現。

先說情感的矯正。所謂三歲看老，說的就是兒童時期對兒童氣質、性格、價值觀的培養。這一階段兒童形成的氣質特徵對未來影響很大，形成的壞習慣需要很長時間才能矯正，這也是幼兒時期被稱為成長關鍵期的原因。

再來說兒童價值觀和知識結構的形成。這其中的一部分依賴於老師的教導和學校的教材，這些是普適性的，並不會導致兒童情感的差異。導致兒童情感差異的是兒童私下看的東西，例如：兒童時期看的卡通、繪本、童話書等。有研究顯示，兒童的玩具也會影響到兒童的氣質：玩拼圖的兒童更具邏輯思維，玩洋娃娃的兒童 EQ 更高。

2019 年，樂高製造商被一些消費者起訴，原因是樂高積木沒有為女童開放卡車、工程車、消防車的選項，以及樂高人物的表情都是憤怒、憂鬱等負面表情，不利於女童的堅強等特質的發展。負面情緒的面孔很有可能導致兒童習得負面情緒，並進而影響到兒童的性格特徵養成。

兒童看的繪本、童話書同樣會影響到兒童的性格養成。所謂「老不看《三國》，少不看《水滸》」，也就是說，老人

看《三國演義》，容易看到內裡的人情糾葛、天下分合，容易引起情緒波動，對身心不好；而「少不看《水滸》」是因為《水滸傳》中多兄弟義氣，多行俠仗義、豪氣沖天，少年看了易動氣，多聚眾鬥毆，對個人的發展不利。書籍對人的影響是潛移默化的，看經典名著長大的孩子和看粗製濫造的成功學、沒營養的短影音長大的孩子的情緒掌控能力肯定不一樣。

　　情感的矯正主要發生在兒童、青少年早期，伴隨孩子認知能力的發展，情緒的掌控才是本章的重點，我們結合具體的理論，來指導家長如何幫助孩子掌握自我情緒。

送給家長的教養策略

◆ 了解情緒

　　首先，我們要了解，情緒和性格、氣質完全不一樣，情緒是短暫的、即時的，是可能會帶來個體生理改變的主觀體驗。而後兩者是穩定的個體特徵。情緒的主要維度有哪些？家長應從哪裡入手來矯正、引導孩子處理情緒問題呢？下面我們透過幾個基本的情緒理論來開拓家長幫助孩子處理情緒的思路。

　　先來說幾個三維度的情緒理論。心理學之父威廉·馮特在 19 世紀末提出了情緒的三維理論，認為情緒的三個維度分別是：愉快－不愉快、激動－平靜和緊張－鬆弛。馮特的理

論和現實貼合度還是很高的，基本上涵蓋了情緒表現的主要行為特徵，這提醒我們的家長可以在性質上、強度上引導情緒。例如：將不愉快的心情透過溝通傾訴或者轉移等方式改為愉快的心情；透過聽音樂來舒緩壓力，降低情緒的強度。還有就是，一定要注意不要讓情緒的緊張程度改變太多，否則緊張程度的改變可能會引起緊迫性反應。

1970 年代，艾伯特・麥拉賓根據面部表情的研究提出了情緒的三個維度，分別是愉快－不愉快、支配－順從和啟動水準。麥拉賓的理論很合適家長對孩子的表情進行分析，例如：孩子如果一直表現得不耐煩，打瞌睡，視線朝向其他方向，可能意味著孩子拒絕說教。這時候家長就應該放棄說教，靜待其他時機，啟動水準和愉快與否的理論內容和馮特的理論頗為相似，就不做展開說明了。

1960 年代，普拉奇克將情緒構建為一個倒錐體，將情緒分為強度、相似性和兩極性，其中相似性和兩極性共同構成了八種基本情緒。家長可以借鑑到，情緒在兩極上難以轉換，但向相似的方向轉變是較為容易的，例如：從狂喜轉換為接受，從悲痛轉換為驚奇，這是家長化解孩子情緒的一種思路。

除了三維理論，心理學家伊札德在前人的基礎上提出了情緒的四維理論，認為情緒包含愉快度、緊張度、激動度和

確信度四個維度，全面地描述了情緒的基本特徵。家長可以發現，伊札德的理論在原本的基礎上加入了確信度的概念，這其實離現實生活更近了一步。原因是在實際生活中，個體掌握的資訊有限，很多時候的判斷是透過猜測進行的，如果孩子並不能了解家長行為的真實原因，就會表示懷疑，情緒也就更加不確定，這樣的情緒狀態是家長能矯正和處理的最好時機。這就警示我們的家長，和孩子相處時，對於那些可能引起孩子負面情緒的說法要盡量含蓄和遮掩，這樣孩子的情緒才容易處理。

1970 年代，情緒的四維理論提出者伊札德使用因素分析法將人類的情緒歸納總結為 11 種，分別是興趣、驚奇、痛苦、厭惡、愉快、憤怒、恐懼、悲傷、害羞、輕蔑和負罪感。在基本情緒的基礎上又產生了高階的複合情緒，複合情緒既有由基本情緒混合而成的，如愉快、害羞；也有和內驅力相結合形成的，如性驅力＋興趣→享樂，疼痛＋恐懼→憤怒等；還有基本情緒和認知相結合形成的，如活力＋興趣→憤怒，多疑＋恐懼→內疚。

基本情緒基本上只有喜怒哀樂，但構成了幾百種複雜的複合情緒。家長只需要能辨別孩子的基本情緒即可，在最基礎的情緒辨別的指導下幫助孩子處理情緒是最簡便直接的一條道路。例如：孩子一直害羞，不敢說話，原因可能是怕

生，見到陌生人有些恐懼和不好意思。家長應該正式將孩子介紹給來客，以此幫助孩子消除恐懼，表現真實的自己。

　　某部電視劇中的女主角一直愛慕著平民 A，但幾經波折後，在第二次選擇戀人時，她還是選擇了貴族 B。這時女主角就處於複合情緒之中，一方面是對 A 的愛慕、對未來的擔憂；另一方面是對 B 的憎恨、對孩子的不捨。幾種情緒在女主角的心中激盪，最終對孩子的不捨和愛，使她選擇了自己憎恨的貴族 B。從這個故事中我們知道，複合情緒對個體的影響是極其複雜的，有時候複合情緒會導致個體難以做出抉擇，甚至產生昏厥以逃避激烈的複合情緒。

◆ 辨別情緒

　　心理學研究認為，情緒根據其強度和穩定性可以分為三類：

- 第一類，平靜而持久的心境。心境的特點是具有彌散性，個體會以同樣的態度對待所有事物。心境的持續可能是幾個小時，可能是幾天，因人而異。
- 第二類，熱情。熱情來得快去得也快，強度最大，對生活的影響也最大，但控制不好可能帶來負面影響。
- 第三類，緊迫。緊迫是指面對完全陌生的新異刺激時，個體會進入高度緊張狀態，這種狀態在日常生活中並不常見，但在孩子身上就很容易見到，原因是孩子的見識經驗少，很容易面對新異刺激。

　　要說明的是，緊迫和熱情都有利有弊，利用好了可以幫助孩子快速成長，使用不當則會導致孩子心理狀態受影響，甚至患上身心疾病，家長一定要慎重。

　　例如：和孩子開玩笑似的嚇唬，會導致孩子進入緊迫狀態，次數太多會導致孩子情緒耗竭，產生心理疾病，熱情更是如此。家長不要一天到晚對孩子灌「雞湯」，應該時刻注意孩子的身心狀態，要記住，助力不是填鴨式的教育。只有這樣，孩子才可能健康、快樂地成長。

第 2 節
成長煩惱：負面情緒的化解

　　孩子在心境成長的過程中會遇到各式各樣的問題，和他人相處不愉快，和他人發生矛盾、爭執，和家長吵架、鬧矛盾，內心迷茫，對自己的期望過高或過低等等。個體還會從寓言漫畫、影片動畫中獲得一些觀點和思考，但理想和現實生活總是不一樣的，個體可能會產生失望、懷疑等負面情緒。

　　舉個例子來說，有很多學生因學業壓力過大而報復性熬夜，尤其是高中生，週一至週六都需要在學校的管理下早睡早起、努力讀書，週末就會有很多學生結伴去網咖玩樂，整夜不睡。這是他們應對緊張、壓力、煩躁的方式，也是排解發洩煩悶、不滿的方式。

　　負面情緒的產生，在孩子身上更嚴重，並且會產生更多極端的結果。例如：孩子在小時候因為家人總是忽略自己的訴求，卻對其他兄弟姐妹的訴求有求必應，這樣的不公平和由此而來的委屈可能讓孩子產生了自我傷害的念頭，比如：

用頭撞牆，或把自己關在密閉的衣櫃裡。

　　孩子對世界的認知比較局限，不會用其他方式排解負面情緒，因此其負面情緒的宣洩多透過哭喊以及傷害自身來完成。排解孩子的負面情緒，既需要家長的大力配合，也需要孩子自己的努力修練。

如何處理負面情緒

　　生活中最常見的就是困難和挫折，正如《終極追殺令》中小女孩問里昂：「人生總是這麼痛苦嗎？還是只有小時候是這樣？」里昂回答：「人生總是如此。」

　　孩子在面對常見的困難和挫折時，要求其不產生負面情緒是不可能的。孩子不是無欲無求的聖人，而是一個對世間有著無數欲望和渴求的凡人。在實現自己的需要和欲望的道路上，總會出現各種困難和挫折，進而衍生出各種負面情緒。處理好負面情緒，是家長能幫助孩子度過困難、實現成長的必經之路。

　　家長首先要能辨別孩子的負面情緒，能辨別情緒的種類，是因為沒有取得好成績而產生的失望和憤怒，還是因為父母忘記承諾而產生的失落不滿，抑或是因為和朋友吵架而產生的痛苦和絕望等等。辨別清楚孩子負面情緒的種類和來源是首要的事情，如果將憤怒認作了委屈，悲傷認作了絕望，迷茫誤解為懷疑，對應的幫助手段和排解手法自然不一

樣，一旦使用有誤，易產生適得其反的效果。在第 1 節我們已經就如何辨別情緒種類做了很詳細的說明，本節只是將其串聯起來。

家長接著要做的事，是和孩子就負面情緒的產生、原因、孩子的看法等做交流，深入了解孩子的看法。這就需要我們回顧在第三章中學到的溝通交流的技巧，甚至需要在勸說、助推等內容上做一定的回顧，從而掌握整個排解負面情緒的溝通技巧。

在和孩子進行充分的溝通交流，了解了孩子負面情緒產生的原因，以及整件事情的來龍去脈後，家長可以根據自己的經驗，對事件和孩子的情緒做一個最基礎的判斷：對還是錯？有理還是無理？在回答完這兩個問題後，家長可以採用截然不同的兩種處理方式：若孩子的情緒反應是對的，家長需要及時安撫，幫助孩子開解心境、開闊心胸。這就是我們第二章所寫的心理防禦機制的內容了，家長可以透過助推的手段，幫助孩子盡快建立自我防護機制，比如：輕微的自騙、逃避和攻擊機制。但一定要注意的一點是，不要將心理防禦機制作為最常用的情緒排解手段，這樣會幫助孩子養成不好的習慣。如果是後者，問題出自孩子的情緒和主觀認知上，家長就需要就事論事，和孩子就問題進行認真討論，矯正孩子的一些不合理的想法和訴求。

　　我們舉個例子，如果孩子和朋友吵架後悶悶不樂，家長應該首先觀察孩子產生了怎樣的情緒，如果孩子是憤怒中夾雜著不理解，那麼問題可能就出在孩子身上；如果孩子只是單純的傷心和懷疑，那麼問題可能並不出在孩子身上。接著家長要和孩子進行溝通，了解事情的來龍去脈，了解孩子負面情緒產生的原因，但一定要注意的是，要辨別清楚孩子描述的真假，偏聽則暗，家長要注意排除主觀偏見和對孩子的偏愛，關鍵在於解決問題而不是表示偏愛。

　　如果問題又是孩子和朋友因某事產生爭執，那最好的辦法是勸孩子就事論事，繼續交流而不是賭氣不搭理朋友。如果問題是孩子太衝動和朋友起了矛盾，問題在孩子，家長就應該幫助孩子緩解羞愧和死要面子的情緒，力勸孩子主動道歉，只有這樣孩子才能學會主動擔當，承擔責任和壓力，才能經得起未來更大的打擊。人生並不會一帆風順，總會有各種問題和困難不期而至，逆商也是孩子需要鍛鍊和發展的一種能力。如果弄清楚事情原委後，發現吵架的責任落到了孩子朋友的身上，家長要視責任情況而定，若只是一些小事小摩擦，家長應該勸孩子敞開心胸原諒朋友，這樣孩子的負面情緒也會消解不少。

　　問題解決了但負面情緒還在的情況下，家長的作用就顯得尤為重要。家長一定要以身作則，在生活中遇到問題時，

首先是解決問題，隨後再處理自己的負面情緒。只有這樣，孩子才能從家長身上習得處理負面情緒的正確方式。家長對負面情緒的處理方式很大程度上會導致孩子形成處理的慣性，例如：習慣透過酗酒來排解精神苦悶和生活壓力的家長，他的孩子未來首選的排解壓力的方式很有可能也是喝酒成癮。當孩子第一次透過喝醉來排解自己的煩悶情緒，並使情緒得到緩解之後，孩子會很快習慣用這種方式來緩解、宣洩負面情緒。

送給家長的教養策略

家長在幫助孩子排解負面情緒，成為一個陽光向上的好孩子的過程中能起到怎樣的助力呢？

◆ 辨別情緒

家長要先辨別孩子的情緒的種類和性質，以及緊張程度等，要做到不要讓孩子的情緒擴散、極端化。接著家長可以利用本文教授的各種心理學溝通技巧和助推手段，了解整個事件的來龍去脈，注意排除孩子偏向自己的描述和家長偏愛的情緒，更客觀地了解事件的本質。

一些突發情況下，對情緒的辨別顯得極為重要。有位做心理諮商的老師講過這樣一個例子：有一年，某校一位學生臨近考試壓力大，一時間有輕生的想法，傍晚時，他出現在 14 樓頂樓。這位老師當時接到通知的時候已經很晚了，眼看

夜色將至，怕漆黑的夜色加重學生的負面情緒，這位老師立刻趕到現場和學生聊起來。談話過程中老師很快辨別出學生最大的負面情緒是恐懼，原因是他小時候和哥哥打架時被打敗，就此他對任何考驗都失去了信心。辨別出情緒的性質之後，老師不斷安慰他並給出了解決的辦法。之後學生就走下頂樓，放下了輕生的念頭。對情緒的辨別是極其重要的，你不能在一個人正在氣頭上的時候去調侃他，這樣只會讓事態更加惡劣。孩子的教育也是如此，如果你一直呵斥批評處於恐懼中的孩子，只會讓他更加自責、恐懼。

◆ 平衡心態

家長根據經驗判斷出問題性質和責任歸咎後，應該採用不同的方式處理該事件，給孩子一個結論 —— 問題出在哪，是誰的問題等等。事件本身的判斷結束後，家長才應該開始幫助孩子處理自己的負面情緒。處理負面情緒的一般方式是幫助其建立適宜的心理防禦機制、轉移孩子的注意力等。

舉個例子，有些家長在家長會上得知自己的孩子表現不好後，回家就對孩子進行打罵，宣洩完情緒就行了，從沒考慮過孩子成長的問題，等孩子年紀大了，家長又開始後悔或者埋怨孩子不孝順、不懂事，卻完全不歸咎於自己未盡到家長教育的義務。另外一些家長的處理方式是和孩子溝通，以解決問題為導向。情緒並不能左右家長的行為，在這種心

態的影響下，孩子才能學會用正確的方式處理情緒。心態平穩下做出的選擇對孩子未來成長的意義，與單純宣洩情緒對孩子造成的影響，高下立判。因此，家長和孩子溝通時一定要注意情緒穩定、心態平穩，為孩子樹立一個成熟穩重的典範。

第 3 節
走出孤獨：社交的原始動力

本節會講述孩子在成長過程中，特別容易遭遇的一種心理狀態 —— 孤獨。孩子面臨完全不熟悉的世界，當他對現實的期望、生活的期待遇見了挫折和打擊，卻沒有人可以傾訴時，孩子會逐漸封閉、憂鬱。

孤獨是什麼

叔本華在《人生的智慧》中有這樣的表述：人生其實就是在無聊和痛苦之間權衡，並努力靠近幸福的過程。孤獨是什麼？本質上來說，孤獨就是有話、有想法，卻不知道對誰傾訴。人是社交性動物，但不是每個人都天生擅長社交。

現代人習慣了向網路尋求排解孤獨的方法，習慣了將自己的時間用資訊占滿，沒有時間思考孤獨，更沒有空去體會孤獨。然而孤獨又極其常見，一個人在出租屋裡吃泡麵看直播的某個瞬間，觀看某些網路熱播的電視劇的某個情節時，和同事、親人、朋友爭吵過後等等，孤獨總會不期而至、如影隨形，常見到很多人都熟視無睹。

工作的人、忙碌的人、有所求的人，很難孤獨，也很少孤獨，因為時間被占滿了，有孤獨，也來不及細究。孤獨垂青那些時間彈性大，多是清閒的個體。比如：正在看手機螢幕的你，正在打遊戲的你，它屬於正無所事事刷手機的大多數人。孤獨是怔怔地面對著手機，是有話不想說、不知道和誰說，是看著別人分享生活的快樂自己卻只能保持沉默。

孤獨從不曾離開底層人民，尤其是孩子。他們沒有忙碌的生活，也沒有足夠的社會資源，他們中的大多數人從前可以在河邊、田野還有種種戶外場所留下活動的足跡，而今卻大多躲在手機螢幕下，盡力模仿著他人充實的生活。加之現在很多孩子是獨生子女，父母又忙於工作，缺少陪伴，所以孩子易陷入孤獨情緒中。

孤獨是很多負面情緒的來源，自卑、羞恥、憤怒、難過、悲傷、失落，所有情緒又會在個體的催動、臆想中昇華，最終成為絕望，而絕望的下一步，就是自殘，甚至自殺。

自殺是什麼？單純的透過自我傷害的方式終止自我生命並不能很好地涵蓋所有自殺。自殺不只是即時、突然的，更有慢性、漠然的。熬夜、透支身體、嘗試突破極限、尋求危險係數高的刺激等，一切人類忽視風險的行為，都是自殺。

因此，我們可以理解有些孩子喜歡吞食異物的反常行為，理解孩子默不作聲哭泣背後蘊藏的自殺機率大增的原

因，也理解為什麼有些青少年會瘋狂地放縱和叛逆。

孤獨不會直接讓人生病，因為每個人都有孤獨的情緒。無法排解孤獨也不會讓人生病，很多人都感到孤獨，但其中很少有人會直接生病。只有孤獨無法排解在孩子身上出現時，孤獨才會成為一種病。

成年人都經歷過孤獨，但他一路走來經歷的風浪可以支撐他走出孤獨。而兒童離開父母的經驗和敘述之外，沒有任何經歷，對某些孩子來說，孤獨，才是人生常態。

孤獨與自殺形影不離，而背後是家庭關懷的缺失。家庭是什麼？難道不是為了更好地生活而組建的共同體？那為什麼「生活所迫」、「為了工作」，可以成為忽視孩子成長的理由？孩子、工作、金錢，誰本？誰末？

孤獨不止會出現在隔代教養兒童身上，雖然隔代教養兒童是最常見的孤獨人群，但現在孤獨正在滲透城市的每一個角落。很多人認為孩子有手機電腦陪伴就很幸福了，和家長的溝通互動可有可無，但實際上，教育心理學和發展心理學都不主張用任何外在事物取代家長對孩子成長的助力。

教育心理學家哈洛拿恆河猴做過這樣一個實驗。他將幼猴放進實驗室環境，剛開始幼猴會因為沒有母親的存在而顯得異常暴躁和恐慌，之後實驗者將一個鐵絲綁成的母猴玩偶放進實驗室。幼猴可以從玩偶處獲得牛奶，於是幼猴很快就

習慣了母猴玩偶的存在。接著，實驗者又往實驗室中放入了一個用布做的母猴，幼猴的表現令人詫異。本以為沒有食物可以給幼猴吃的布偶母猴會被拋棄，但幼猴會在鐵絲母猴處吃飽，然後迅速回到布偶母猴身邊，有時候甚至隔著老遠去搆鐵絲母猴身上的食物也不願意離開布偶母猴的懷抱。實驗充分證明了母親的撫摸和擁抱對於幼兒成長的重要性。

我們也經常可以從電視上看到相關報導，很多長期遭受家長忽視和陪伴的孩子，他們的性格非常暴躁，會做出各種叛逆行為，甚至是自殺行徑。其實很多時候，有些孩子泡在網咖、夜店、徹夜不歸等行為是在向家長發出信號：我需要和人接觸，需要社交，需要陪伴。對此，家長要做的是增加對孩子的關注，但很多家長會認為，豐衣足食就是對孩子最好的照顧，甚至會僱用保母等作為家庭教育的替代。但實際上，這種錯誤的觀點有時候會導致孩子錯認家長，將對家長關懷的需要轉嫁到他人身上，從而導致教育缺位，甚至是讓孩子形成畸形的教育觀念。

所以，回到問題現實中來：家長要如何緩解孩子的孤獨感？

送給家長的教養策略

上文講述了兒童孤獨情緒的成因和基本的表現。我們可以發現，導致兒童孤獨的主因是沒有人可以傾訴，換句話說，沒有人可以傾訴，導致了兒童無法很好地找到自我。

◆ 教會孩子處理孤獨的辦法

如何處理孩子的孤獨感，首先需要家長做出改變。一味地滿足孩子的物質需求並不能幫助孩子更好地成長，關鍵問題在於有效溝通。第三章我們已經就如何實現親子有效溝通做了詳盡的敘述，此處不再贅言，但要強調的是，家長要了解孩子的需求，盡量滿足孩子對於互動、交流、親密行為的要求。

此外，家長要教會孩子如何應對孤獨，這需要家長自身能成熟從容地應對孤獨。很多時候，有些家長並沒有掌握成為一個合格的家長的能力。這世上有很多課教導孩子如何去生活、如何學習知識，但沒有一堂課教導家長如何成為一個合格的家長。

家長如何學會從容應對孤獨呢？有很多辦法，有些家長在生活、工作中逐漸忘卻孤獨，將孤獨帶來的痛苦和煩惱拋之腦後；有的家長則用其他方式取代孤獨、消遣孤獨，如唱歌、打球、運動、交友、聚餐等；還有的家長學會直面孤獨，享受孤獨，利用孤獨去提升自己。更普遍或者常見的應對孤獨的方式是閱讀，透過閱讀他人的生活經歷，去享受孤獨，去理解孤獨，甚至是利用孤獨。這一點需要家長努力修練。

孤獨並不可怕，害怕孤獨也並不可恥，正視自己的需求，去承認，去了解，去拆解孤獨，才是應對孤獨最好的方式。這是家長應該學會的，更是家長應該幫助孩子形成的一種應對生活的能力。

◆ 引導孩子面對孤獨

除了家長的助力，孩子自身也要學會處理孤獨，首先是開闊心境，少執著，少固執，不要在具體細節上過多糾結。例如：若家長忘記了對自己的承諾，孩子很多時候不必太拘泥或者耿耿於懷家長的疏忽，而應主動向家長重新提及自己的訴求。

孩子還要學會排解孤獨。排解孤獨的方式有很多種，例如：和朋友出去玩，和朋友一起吃東西、聊天，看更多的書、電影等，透過充實自己的生活來填補孤獨。

這其中一個很重要的元素是朋友，青少年要選擇那些對自己有所裨益的人做朋友，《論語》有言，「益者三友，……友直，友諒，友多聞」，可以帶你欣賞藝術作品，一起運動，一起去探索大自然……幫助你充實內心的朋友，才能幫助你緩解和應對孤獨。

最後，孩子應該形成這樣的觀點：孤獨並不可恥，高品質的孤獨有利於人清醒地看待生活。承認自己孤獨並不代表自己是個弱者，相反，有時候孤獨者是生活的強者。

如果孩子能很好地處理孤獨，那在他未來獨自進行社會化的過程中，家長就不需要擔心他是否會越軌或者是走偏了。一個人如果能從容應對孤獨，那麼沒有什麼困難能阻礙他前進的腳步。

第 4 節
自卑與超越：自我成長的關鍵

　　心理學有很多科普讀物，例如摩根·斯科特·派克《少有人走的路：人智成熟的旅程》，講的是一名諮商心理師十幾年從業經歷的；古斯塔夫·勒龐《烏合之眾：大眾心理研究》，寫群體在有心人的煽動鼓搗下如何碰撞交互，情緒逐漸極端化；塔拉·韋斯特弗《你當像鳥飛往你的山》，寫一個心理學家如何擺脫惡劣原生家庭環境的影響，逐漸成長為自己想要的模樣……

　　佛洛伊德在《夢的解析》中把人的行為表現歸因為性衝動，任何夢境的要素都可能和性衝動相關，於是夢境中的一切都可以用性來解釋，蛇是性，房子是性，管道是性，騎馬是性等等。但是，泛性論招致了很多批評，你不能說一個小女孩夢見蛇就是希望探索性，正好相反，有時候夢見蛇可能意味著恐懼。新精神分析學派的代表人物阿德勒對佛洛伊德的理論做了改造，他認為，做夢和做異常行為都來自潛意識的衝動，但他將這種衝動歸咎於自卑。人總會面對兩種狀

態：自卑與超越。

自卑是現代人極其常見的一種狀態。資訊化社會一個鮮明的特徵是資訊傳遞更便捷，人們被多到不知道如何選擇的資訊環繞，那人們會選擇怎樣的資訊進行加工呢？

「最大」、「最好」、「最快」、「最高」、「最佳」、「歷史罕見」、「史上最強」、「近五十年來首次」等，這樣的「最」資訊，頗受大眾的青睞，再加上各種花邊緋聞娛樂八卦，共同構成了我們生活中所接觸資訊的大多數。

這些資訊的比較特徵，會使個體不自覺地使用「比較法」來衡量自己的生活，於是就營造出了這樣的一種生活狀態：孩子總會覺得自己好像不夠高、不夠好看、不夠有錢、成績不夠好等。每個人都在這樣比較，這就形成了自卑感，每個人都存在自卑。

有些家長一定聽過這樣的新聞，有女子花上千萬整形只為變得更漂亮；有少女連續一個月催吐只為瘦幾公斤；有少年為了買 iPhone，賣了自己的一顆腎⋯⋯這樣的新聞幾乎每年都會爆出很多條，為什麼孩子們那麼喜歡攀比、愛慕虛榮？

這背後不是攀比、愛慕虛榮，甚至不是焦慮，而是自卑。

從自卑到自卑情結

阿德勒做了很長時間的心理諮商，他發現，幾乎每個人的心理問題都源自童年早期經歷、家庭教育的缺失以及由此

最終導致的個體自卑情結的形成。阿德勒是這麼形容生活或
社會化不良的個體的：他們都是被慣壞的孩子，受不了生活
中一絲一毫的困難，對生活的期望如果落空就會產生抱怨、
失落的情緒，並不能很好地適應生活。

　　自卑情結的根源在於，當孩子的童年需求不能得到很好
的回應，家長忽視或者壓抑了孩子的需求時，孩子因此形成
自己沒有人可以依靠，內心很空虛的心理狀態。在成長過程
中，家庭教育的缺失和失落情緒的滋長最終在孩子幼小的心
靈中結成了自卑的情結 —— 我微乎其微，我毫無價值，沒有
人關心我，愛護我。

　　自卑情結形成之後，會迅速與現代社會中個體習慣性的
比較和焦慮結合，導致個體產生一些極端的想法：我不夠好
看，那就去整容，網路上有一大堆因整形成功而逆襲的案
例；我不夠高，那就買增高藥，甚至做斷骨手術，只為了讓
自己看起來高些；我不夠瘦，那就節食、催吐、抽脂，只要
能減肥，做什麼都行。個體因為自卑而做些匪夷所思之事的
例子，比比皆是。

　　自卑情結千百年來始終存在，更在現代人身上產生了更
為顯著的表現，為什麼呢？

　　原因就出在比較上，早年網路沒有這麼發達時，個體會
自卑，但不會自卑到做出這麼多傻事，因為沒有參照對象。

而如今的孩子，能接觸到的社會資訊太多了，有太多「優秀人物」的事蹟吸引著他們，他們總幻想自己也能成為那樣的人，時間久了，對自己現有條件的自卑和不滿很容易就會形成。這種不滿會不斷鼓動他們做一些傻事，直到某天他們發現自己已經無法擺脫比較帶來的焦慮了。

我做過很長一段時間的心理諮商，前來諮商的大多都是女性，而且多是些心思細膩的女孩子。由此可見，有些問題的出現，和個體的心思敏感程度是相關的。讓我很詫異的一點在於，絕大多數來訪者遇到的問題都並不嚴重，但是她們在心理層面上給予了自身很多的困擾，而伴隨著問題了解的深入，我發現大多數問題都指向一點 —— 自卑。每個人內心世界都極其自卑，即使她很完美，外表看起來從容輕鬆，但實際上每一個來做諮商的個體的家庭關係都會有些問題，有的是單親家庭，有的是母親控制欲太強，有的是和母親對抗激烈，有的是父愛缺失，還有的是家庭溝通不暢。我發現，基本上都是家庭關係的矛盾導致了來訪者的自卑情結。

來訪者們在日常生活中也表現得非常樂觀和隨和，只有在夢境中才會暴露自己的真實情緒。來訪者已經習慣壓抑自己的真實需求和想法，最終導致真實想法被忽視，實際上他們的內心已覺察到了自己的痛苦，所以才會最終在夢境中將其顯現出來。

　　自卑是一種非常常見的狀態，按照阿德勒的話說，正是因為人存在對現實的不滿和自卑，才有了超越現實、打破現實、消除自卑的動力，這也就是超越。

　　但現代人的問題在於，我們將自卑隱藏得很深，不願意承認自卑，直到自卑情結導致了嚴重問題的出現，才開始尋找解決的辦法。但實際上，當個體從壓抑自卑的過程中覺察到痛苦再去解決問題時，問題已經很難解決了。這也是為什麼我們要在本書中探討如何處理孩子的自卑情結。

　　自卑源於童年家庭教育的缺失以及童年早期的不好經歷，隨後在快速生活節奏的壓迫下，孩子的真實需求始終難以被滿足，這使孩子一直處於比較的情境中，最終讓自卑情結深深駐紮在孩子內心，影響其今後的正常發展。

　　舉個例子，如果一個女生的家庭出身不錯，長相不錯，但是小時候父母在外地工作，和她在一起的時間並不長久，她還有一個弟弟，此外，她和媽媽的溝通總是讓她煩惱。

　　這個女生的發展路徑會是怎樣的呢？她很大機率會成長為一個足夠堅強，看起來很隨和溫柔的人，並且會打扮，最後成為人們眼中那個「別人家」的孩子。但更深層呢？這個女生遇到了很多心理障礙：她覺得自己不夠瘦，有時候不吃晚飯，有時候吃了催吐，還有時候甚至想去做抽脂手術；她總是悶悶不樂，因為沒有人和她有特別深入親密的交流，她

覺得這個世界上沒有人喜歡她，她甚至厭惡男性，因為從小弟弟就受到了更多的寵愛，而她不能表達自己的嫉妒，這樣大人會更不喜歡她。

這樣的例子還有很多，尤其是當她踏入大學校園，遇到了很多同性，當她開始不自覺地與他人進行比較時，就會產生容貌焦慮、體重焦慮……這樣的比較讓她越來越自卑，以致每天都睡不好。

我們回到討論的最初，她的心理問題源於她和家庭溝通不暢，也因為在快速成長和發展的過程中她不能停下來仔細思考自己的問題、自己真實的渴望，她只是不停地逃避，忽略問題，延後問題。直到有一天她以為問題不見了，但實際上，這是因為她的真實需求被忽略和過度壓抑，以致進入了潛意識之中並且改換了模樣。她的焦慮源於自卑，她悶悶不樂是因為沒有獲得足夠的家庭支持，她厭惡男性是因為不滿於弟弟受寵又不敢說出來。於是她的所有的情緒、所有的需求都以改頭換面的樣子重新出現，進而影響她的生活。

那麼，孩子該如何緩解自卑呢？

自卑情結是一種十分常見的情結，並不局限於孩子，成年人身上也很常見。所以緩解自卑或者處理好自卑情結是家長和孩子都需要學習的一門課程。

送給家長的教養策略

◆ 教導孩子學會生活

　　首先是要慢下來，所謂慢下來，是指在做決定時，先考慮自己的真實需求，在弄清楚自己的真實想法後再行動，這樣可以很好地處理非常多的情緒問題。

　　例如：班上最近競選班長，一個孩子非常想競選，但害怕失敗的打擊，猶猶豫豫，最後放棄了競選，這樣就是迴避、壓抑、隱瞞了自己的真實需求。競選失敗並不可怕，可怕的是害怕失敗並由此形成美化自己的想法，宣稱自己淡泊名利，不在乎當不當班長，這就是找藉口來掩飾自己內心的失敗。成年人也是如此，明明工作上不順心如意，工作待遇和工作環境並不好，還天天加班，卻非要安慰自己說是自己性格太敏感了，想太多了，把事情想得太壞了，這就是不能正視自己的真實觀點和看法，壓抑自己的真實需求，這就是我們痛苦的來源。

　　很多現代人陷入了內耗的困境，有些人不堪其擾，選擇了躺平，躺平本身就是一種慢下來看待生活的方式。越來越多人愛上了旅行，放下生活、工作壓力，去到一個陌生、美麗的地方放鬆身心，不再像平時一樣奔波勞碌，行色匆忙。孩子很容易受成年人的影響，所以他們慢慢變得急躁，和各種人比較、競爭，次數多了就會越來越自卑。所以，讓孩子

學會慢下來，享受生活，是應對自卑最好的方法，這不是說讓孩子一直跟著家長去旅行，但也要讓孩子多見識不一樣的人生，這樣，他才能理解自己生活的意義，才能擺脫無窮無盡的比較和內耗。

◆ 承認自己的缺點和需求

　　承認自己的真實想法有那麼難嗎？對有些人來說是的，尤其是一些已經習慣事事都要遷就禮貌、包容他人的「老好人」，讓他們說出自己的真實想法，「得罪」他人，承認自己的不完美和缺陷，是一件非常困難的事。但這世上沒有誰是完美的，承認自己的不完美，承認自己的真實需求，是緩解焦慮、從自卑中解脫出來的不二法門。你就是想吃個冰淇淋，你就是有一點點胖，你就是沒有門門考第一的聰明頭腦，你就是有點嫉妒弟弟比你更受寵，這沒什麼不好意思的。要勇於承認，才能勇於表達，才能把問題解決。

◆ 學會向下比較

　　我們要學會向下比較，尤其是對自己非常嚴苛的完美主義者。完美主義者很容易陷入焦慮和自卑中，原因是他們每次都向上比較，或者和自己心中完美的期望做比較。現實大部分時候都是不如意的，這些不如意招致的失望會讓個體充滿焦慮和自卑。

　　但很多時候我們不必太過苛責自己。你如果要和世界短跑名將比跑步，和 NBA 巨星比籃球，和大家名家比演講，這並不現實。沒有一個人能做到面面俱到、事事突出，對自己的苛責只會引起自己更深沉的焦慮和自卑。所以有時候，慢下來，向下比較，以提升自己的幸福感，學會惜福，也是一種很不錯的心理調節手段。

　　這一點很重要，有很多人，做事極端，不考慮後果，將優越的生活條件看作理所當然，甚至還不滿足，抱怨不夠好，這就是一種不惜福。人只有懂得珍惜和感恩生活給予自己的東西，才能真正理解生活，才能將自卑視為一種向上的動力。

第 5 節
自我價值感：對抗消極的關鍵

伴隨著孩子的成長，自卑會隨之而來，如何讓孩子擺脫焦慮，克服自卑，享受美好的生活，這既是一個向家庭教育發問、向社會教育發問的問題，也是向孩子自己發問的關鍵問題。

很多孩子會壓抑自己的真實需求，怕「出洋相」，怕被人笑話，怕做不好，怕這怕那。

很多孩子平時很活潑，顯得古靈精怪，但一讓他們上臺表演節目，他們就不好意思了，表現得唯唯諾諾、扭扭捏捏，甚至連說話都結結巴巴，平時表現得輕鬆自如，在臺上卻什麼也表現不出來了。

這樣的例子很常見，尤其是在中小學期間，孩子們私底下十分厲害，一到辦正事時就徹底「漏氣」了。原因就在於，此時孩子內心的自我價值感太低，覺得自己做不好這些事，於是容易怯場。

每個人都有自己的位置

「螢火之光，也敢與皓月爭輝？」這句話用來形容人的自不量力，但很多時候，每個人都只能做到星星點點地發光，這已經很好了，無數閃閃的螢火蟲，也能構成絕美的奇景。

袁枚有首詩：「白日不到處，青春恰自來。苔花如米小，也學牡丹開。」寫苔花雖然毫不起眼、極其平凡，但自有自己的一番美麗，不需要因為牡丹富麗堂皇便羞慚得連花都不敢開了。如果我們不能像苔花那樣勇於展現自我，那愛因斯坦之後的物理學家就沒必要再做研究了，都是站在愛因斯坦的肩膀上做些基本研究；亞里斯多德之後大家就不用做哲學了，反正走不出他的框架。但這個世界是一個包容的世界，無論你是怎樣的，都能找到一處安身立命之所。

這也告誡年輕人，尤其是那些將要踏入職場的年輕人，還有那些即將面對學測、會考的青少年，你們並不需要因為自己目前的處境做過度的擔憂，每個人都會有自己擅長的領域，也總會找到自己的位置，只是在這之前，你需要保持好奇心、耐心和堅強的意志。只有這樣，你才有足夠的敏銳觸感，去發現自己想要發展的方向，想要到達的位置。

如果把人生比作一次從出生走向死亡的遠行，那這一路上會有很多不同的風景，有很多高山低谷、坎坷跌宕。每個

人都會看見不同的風景，每個人能力的成長、機遇的變化，也都是不同的。每個人都會走到一段快車道，這一時期你會飛速成長，但每個人的快車道所處的位置並不一樣，有些人很小就邁入自己的快車道，我們稱他們為天才，為神童，為青年才俊，說他們獨占鰲頭、占盡先機；有些人行至壯年才邁入自己的快車道，成就一番偉業，我們稱為中流砥柱，業界大老，說他們打拚堅韌，年富力強；有些人直到晚年才邁入自己的快車道，成就一番大事業，或留下些足以傳世的作品，我們稱為大器晚成，老而彌堅，業界泰斗。你看，每個人都會在不同的人生時期邁入屬於自己的快車道，然後順風順水，直到進入下一個階段。

因此，我們並不需要為自己的未來擔憂，更不必懷疑自己會不會就此碌碌無為過一生，每個人都會有自己的高光時刻，問題在於，在它來臨之前，你能否從始至終地堅持自己的夢想，綻放屬於自己的光芒。

送給家長的教養策略

◆ 建立多元化的人生目標

既然人生各有不同，那麼，那些定錯了目標，對未來感到迷茫的孩子們該怎麼擺脫自己無謂的焦慮呢？我始終認為，焦慮源於比較，試想，如果你天天看卡通而不願意讀書，突然有人和你說，他被選為模範生，你能不感覺到壓力

和自責嗎？透過比較，人們會了解到自己的不足，而了解了自己的不足以及因此產生了焦慮，人們才會有向上向前的動力，去突破自己的局限，去努力提升自我。但過多的、無意義的比較則會導致自卑和自我價值感的缺失。

自我價值感缺失最明顯的表現就是對自己的定位脫離現實生活。就好像有些學習很好的孩子，考完試總會說自己考得不好，考得一般，原因正是對自己能力的不自信，當他們這麼說而結果也確實如自己所料時，個體除了鬆一口氣，減少失望感，還會獲得自我實現語言的慣性，認為自己就是那麼差，就是考不到自己想要的分數，是一個失敗的人。

完美主義者很容易陷入自我價值感缺失中，對事物的期待總是破滅，讓其開始懷疑自己的價值、自己存在的意義。但實際上，我們大可不必如此，現實生活多是得過且過的人，一直追求完美只會讓人疲憊。目標的追求不是一蹴而就的，但生活不能缺少目標。

家長們在幫助孩子設定目標時就一定要注意，用多元化的、階段性的目標來引導孩子努力成長，透過不斷實現小目標來增強自信心和自我價值感。比如：每週收拾一次房間、幫家長打掃一次家裡，每學期的考試名次比上一學期前進一名，每學期參加一次校園表演活動等等。用豐富的目標充實孩子的生活，指引孩子的成長。

◆ 正視自己的需求

　　自我價值感的缺失和童年關懷的缺失密不可分，但更重要的是在之後的社會化過程中個體總是向上看，不能看到自己的優勢，不接納現實的自己，而只關注自己的期待。這樣想的結果就是個體總認為自己是卑微的，做任何事情都首先考慮會失敗，不斷否定自己。自我價值感低的個體會產生非常多的心理問題，有研究自我價值感的問卷分析發現，個體處於低自我價值感時會出現愧疚、壓抑、沮喪、失落、憂鬱等情感。

　　這些情緒共同構成了個體自我價值感低的負反饋循環，個體會不停地自證：我很差，一文不值，遇見可以表現自己的舞臺也不敢嘗試。這使個體越來越相信自己真的很差，以後更不敢登臺表現，表現少了，就更容易出現類似的想法了。

　　自證的循環一旦形成，孩子自己是沒辦法解決的，這就需要家長學習系統減敏法等心理學方法，幫助孩子消除問題。例如：孩子不習慣在公眾面前演講，家長可以引導孩子背誦一些經典演講內容，然後多領孩子站到高處去嘗試獨誦，並偶爾在家庭聚會中鼓勵孩子表現，直到有一天孩子並不恐懼上臺演講。

　　若孩子的自我價值感過低，習慣了向上比較，家長還可

以帶著孩子多去和低年級小朋友一起玩，讓孩子和自己水準差不多或者稍遜一些的朋友玩耍，多去感受慢生活，去多元化自己的價值觀標準，少被成功學和生活的快節奏侵蝕，享受自己的成長而不是執著於結果。

◆引導孩子放鬆心態

提升自我價值感這一點，家長能做的其實不多，問題在於孩子自己的觀點，究竟是把所有的注意力都放在追求比較、向上攀登，還是留一部分餘地給自己，去照顧自己的心情，改善自己的生活狀態？我們知道，知恥而後勇，但這是相對於驕傲輕視對方的人而言的，如果一個人始終處於緊繃的狀態中，他就很難在關鍵時刻表現得比平時更好。而缺失自我價值感的人，更是長期處於這樣的緊繃狀態中，讓他保持正常的生活都已經很難，更何況是不斷向上走。因此，教導孩子學會張弛有度，該學習的時候學習，該放鬆的時候放鬆。這才是正常的生活狀態，也是擺脫自我價值感缺失的關鍵。

小結

本章具體介紹了個人的情緒管理能力。第 1 節我們介紹了基本的情緒類型，幫助大家辨別自己的基本情緒。第 2 節我們介紹了該如何排解個體的負面情緒，無論對孩子還是成年人來說，這都是一門非常必要的課程。第 3 節我們深入具體地介紹了孤獨 —— 孤獨的來源、消除孤獨的辦法、兒童的失落情緒、如何應對孤獨。第 4 節我們介紹了現代人最為常見的狀態 —— 自卑，自卑根源於童年創傷，而社會化進程中的過度比較也會不斷加重個體的自卑狀態。而自卑時間長了，就會導致個體自我價值感的缺失，從而使個體產生很多心理問題。

如何處理好上述這些情緒，是每個人的人生必修課，本章中我們結合現有的心理學理論，對如何處理情緒問題提出了一些簡單可行的看法。

情緒的問題，本質在於過度執著，過於執著和看重某件事，以至於整個人都圍繞著這件事打轉，患得患失。壁立千仞，無欲則剛。欲望多了，心弦就會被牽動著，也就產生了情緒，從這個角度來說，只要做到萬事無可無不可，做事多

隨緣，就能大大減少情緒的影響。情緒雖然依舊會產生，但不會再成為影響我們生活的主因。

本章中對於諸多情緒問題處理的對策主要是轉換看法，例如自卑，問題出自童年教育，你可以從朋友、家長那裡獲得支持，透過彌補的方式去緩解自卑，去直面自卑。

此外，就是學會調整自己的心態，如自我價值感缺失，很大程度上是因為個體總是仰望，總是向上比較。習慣了仰視的人，如果自己的行為進度或達成的目標讓自己不滿意，就會產生強烈的焦慮感，時間長了就會形成自我價值感缺失。解決的辦法同樣是學會放鬆自己，放慢自己的生活節奏，學著去向下看，去看到他人真實的生活狀態，接著產生對自我狀態的滿足感。

生活的意義並不在於你最終獲得了怎樣的成果，而是你如何走過每一段路程。如果每一段路程你都一心朝著目標前進，最後你能分享的可能只有一個結果，你並不記得這個過程中你經歷了些什麼。

泰戈爾說：「當你為錯過太陽而哭泣，那麼你也將錯過群星。」同樣，當你過度執著於目標時，你就會錯過經歷本身和你自己的內心體驗。

第四章

關於情緒管理的正向教育

第五章
關於性格養成的正向教育

性格決定命運。

導語

很早之前就有學者對個體的性格做了研究，古希臘時期的醫生希波克拉底就根據自己的行醫經驗和體液的類型提出了體液說。他認為人有四種性格：膽汁質的個體積極活躍，但粗心大意，脾氣暴躁，難以掌控自己的情緒；多血質的個體，性情活躍，動作靈敏；黏液質的個體，動作不急不緩，性情沉靜；憂鬱質的個體，性格多愁善感，動作遲鈍，心思敏感。體液說到現在都有很多支持者，由此可見，人們對性格研究的支持。

心理學家的一個共識是，性格是後天教育的產物，是可以透過教育和學習來矯正的，這也就是為什麼我們會介紹性格養成。我們能做的，只是在先天基因的基礎上去精進，去彌補自己的缺陷。我們終其一生，無非是在自己命運的基礎上作畫，我們並不能決定自己生命的底色，但細節和最終生命作品的呈現方式，是我們能決定的。

本章會詳細敘述性格的具體理論、性格和氣質的差異、性格和價值觀以及性格和未來的職業規劃。

第1節我們會講述目前學界對性格的研究理論、性格

的分類、性格和氣質的區別，以及如何形成自己喜歡的性格。家長對孩子性格的養成具有極其重要的影響，因此，家長在與孩子的互動交流過程中，要注意對孩子進行性格養成教育。

第2節我們會講述目前學界公認的最為全面、系統、綜合的性格理論 —— 五大人格特質。五大人格特質是對個體人格的五個側面進行評價分析的系統，目前來說，沒有比五大人格特質更加系統權威的性格解釋理論了。本節會引導大家透過五大人格特質的相關測試來評估自己的性格。

第3節我們會討論個體價值觀的形成以及如何判斷自己的價值觀的分類問題。價值觀是三觀中最重要的一環，價值觀的導向直接決定了個體如何定義自己的人生價值，以及對人生的態度。本章的核心就是對價值觀的介紹和價值觀培養的引導。價值觀決定了一個人的底層邏輯和對事物的看法。家長對孩子價值觀的引導和矯正可以說決定了孩子未來的發展道路。性格決定命運，而價值觀決定人生選擇。

第4節我們會介紹性格和職業規劃的相關事宜。不同性格的人所適合的職業也不同，外向、親和性強的個體更適合去做需要與人打交道的工作，如記者、主持人、人力資源管理、售貨員等；性格沉著冷靜，不喜歡和人聊天的人，更適合做程式設計師、考古人員、工匠等需要耐心的工作。

　　整體而言，本章會仔細講述性格、價值觀以及與之相關的個體的未來職業規劃選擇。要說明的一點是，性格和氣質有本質的區別：氣質是先天的，較為穩定的，很難改變，但性格是後天教育習得的，可以透過經歷和經驗的成長實現矯正而變化。所以，根據性格選擇職業並不是板上釘釘的事，而是相對優勢，如果個體非常熱愛某個領域，熱情和興趣足以抵消所有性格不適帶來的問題。

第 1 節
孩子的性格：各有所長，並無好壞

　　我們要談一個人是個什麼樣的人時，一般會從人格層面來描述他／她。

　　人格是一個極其廣泛的概念，它包含氣質、性格、認知風格和自我調控等方面。其中，氣質是很難改變的，認知風格一時半會也難以改變，自我調控是自主能力，只有性格是在交互作用過程中發展起來的。性格的缺點和優點，都是根據場景的是否合適進行判斷的，世俗道德標準也會輔助我們判斷自己性格的好壞。例如：一些戰爭發動者，他們殘忍、暴力，還一味鼓吹民族優越論，這種煽動是有害的；而有些性格是無傷大雅的，例如：有些人只是單純地比較懶散，對社會無害，便不會受到社會的強烈譴責和敵視。但更多時候，家長還是希望孩子養成良好的行為習慣和性格，如自律、友善、心態平和等。

　　在生活中，大家一定見過性格迥異的個體，例如：有些人隨便他人怎麼損自己，他並不會在意，而有些人則會因為

207

一兩句話而大呼小叫，翻臉爭吵；有些人努力工作，兢兢業業，勤勤懇懇，有些人卻事事懶散，敷衍了事。世界之大，個體性格之差異，令人慨嘆。很有意思的是，有人透過雙生子研究發現，即使是同卵雙生子（也就是我們所謂的雙胞胎）也會出現極其不同的性格。

究竟是什麼在影響我們的性格？我們的性格又是如何影響我們的人生軌跡的？本節會對性格的具體概念和類型做簡要介紹。

傑克‧霍吉（Jack D. Hodge）在《習慣的力量》（*The Power of Habit: Harnessing the Power to Establish Routines that Guarantee Success in Business and in Life*）一書中說道：「性格決定命運。」對這句話的理解是，很多時候，我們的性格會促使我們做很多事，這些事最終決定了我們命運的走向。

我們的命運軌跡是慣性的、直線式的，例如：項羽少時勇猛，但不耐久功，學東西總是很快就不耐煩了，對人對事都是如此，剛愎自用，對自己過度高估，結果在楚漢相爭的過程中，占盡先機和優勢的楚霸王只能落得一個垓下之戰中四面楚歌的境地。對此，他仍大呼「此天之亡我，非戰之罪也」。項羽的失敗正是性格決定命運的最好寫照。項羽由叔父項梁帶大，項梁對自己子姪輩的教育更多的是武力、志向層面的，對其性格的培養和做事細節的把握幾乎沒有什麼

指導。項羽少時讀書，沒取得什麼成果就放棄了，轉而去學劍，結果沒多久又放棄了。項梁生氣地質問他，項羽說讀書會認識自己的名字，練劍能打敗一兩個人就夠了，自己要學的是能打敗成千上萬人的辦法。項梁就教項羽兵法，結果項羽還是大略知道其意思後就不再學了。

從上述描述中我們就可以看出，項羽是個做事三分鐘熱度的人，耐不住性子，隱藏不了自己的情緒，因此在正式組織戰爭甚至是軍團化、集體化戰爭時，項羽剛愎自用，什麼都略懂，但什麼都不能掌握。他不自知的性格的弱點就暴露出來了，再加上項羽順風仗打得漂亮，但逆風或者輸了，卻不會反省，還動輒和手下的將領謀臣發生衝突，以致最後眾叛親離，落得失敗的下場也不足為奇。劉邦成功稱帝後，這樣評價自己和項羽的爭鬥：「夫運籌帷幄之中，決勝千里之外，吾不如子房（張良，字子房）；鎮國家，撫百姓，給餉饋（供給軍餉），不絕糧道，吾不如蕭何；連百萬之眾，戰必勝，攻必取，吾不如韓信。三者皆人傑，吾能用之，此吾所以取天下者也。」項羽連亞父范增都不能善用，怎麼能打得過劉邦呢？

人格理論

性格作為人格的核心部分，對個體整個人格的發展有著極為重要的影響，人格經常作為整個概念來被研究，性格則作為

其中一個重要的側面。人格是研究個體心理差異極其重要的領域，有極其複雜的心理結構，因此關於人格的理論，目前眾說紛紜，下列是一些較為權威和認可度較高的人格理論。

首先是人格特質理論，該理論認為人格是穩定的，特質是決定個體行為的基本特性，是人格的有效組成元素，也是測評人格常用的基本單位。這裡所說的特質就有點像我們一般意義上所講的性格了。

特質理論最早由奧爾波特於 1937 年提出，他將人類的人格特徵分為兩種：共同特質和個人特質。共同特質是指處在同一文化現象中的個體會有類似的性格表現特徵，就像我們對不同國家的人形成的刻板印象：法國人浪漫，非洲人懶散，英國人高傲，日本人謹慎等等。個人特質是指個體身上所具備的獨特特質，例如：雖然大家都覺得華人普遍比較勤奮，但其中還是會有喜歡睡懶覺，做事敷衍、拖拖拉拉的個體存在。

個人特質中又分為首要特質、中心特質和次要特質。例如：提起岳飛，大家總是第一時間想到忠心；提起秦檜，大家的第一反應是奸詐狡猾。這就是一個人身上最鮮明、特徵最明顯的首要性格特質。中心特質是構成個體獨特性的幾個重要特質，是個體人格特徵中最為穩定的部分，例如：林黛玉的清高、聰明、孤僻、憂鬱、敏感等，都屬於中心特質。

次要特質是指個體一些不太重要的特質，這些特質只有在特殊情況下才會出現，例如：有人平時看起來很情緒化、多愁善感，在遭遇變故時卻表現得極其冷靜，這就是人的次要特質的表現。

奧爾波特認為，人的中心特質的數量是有限的，每個人身上大概會存在 5～10 個中心特質。卡特爾在奧爾波特的特質理論基礎上，利用因素分析法對人格特質進行了分析，提出了人格特質的四層理論模型，分別是個別特質和共同特質，表面特質和根源特質，體質特質和環境特質，動力特質、能力特質和氣質特質。

其中：

- 個別特質和共同特質，是從總體層面去考量一個人的性格究竟是獨屬於自己還是整個民族都共有的性格特徵。
- 表面特質是指可以透過外部行為直接觀察到的特質，例如：透過一個人的表現就能看出他是否是一個急躁的人；根源特質則是指個體行為背後的深層原因，例如：孩子表現急躁不堪，可能是因為恐懼失敗的後果，也有可能是有其他更重要的事情要去做。
- 體質特質是由先天的生物因素決定的，例如：有人先天體質偏陰虛，有人則更加強壯，新陳代謝也快；環境特質則由後天環境決定。

◆ 動力特質是指個體的生理驅力，促使個體朝著某個方向發展，例如：有人是成功導向性的，他希望獲得更多人的關注就會更多地表現自己；能力特質則是個體知覺和運動方面的差異，例如：有些人記憶很好，有些人反應很快；氣質特質則是先天的、穩定的。

近年來，又有學者在此基礎上提出了更加完善的人格理論建構，這其中比較有代表性的是艾森克（Eysenck）的三因素模型、麥克雷（R. R. McCrae）和科斯塔（P. T. Costa）的五因素模型以及特雷根的七因素模型。其中，艾森克將人格的三因素表述為外向性、神經質和精神質；麥克雷和科斯塔將人格表述為經驗開放性、盡責性、外向性、親和性和神經質，這就是後文我們會詳細介紹的五大人格特質模型；特勒根（Auke Tellegen）認為人格的七因素分別是正情緒性、負效價、正效價、負情緒性、可靠性、親和性和因襲性。

送給家長的教養策略

在介紹了上述關於人格特質的理論之後，我們接著來探討，家長能為孩子做些什麼。

◆鼓勵孩子表達

首先，所有的人格特質都繞不開一個關鍵字：外向性。這個特質是人格特質中最為重要的一環，因此，如果家長想

要自己的孩子成為一個社會適應能力強的成熟個體，就必須鍛鍊其外向能力，這裡既包括如何與他人和平共處，也包括如何和陌生人打交道。很多家長已習慣告誡自己的孩子不能和陌生人說話，但這個陌生人的界限卻並不清晰。實際上，和家長認識的大人，孩子是可以與之溝通的，當然，必備的防範意識也不能缺失。如果孩子只是一味地謹記不和陌生人打交道的規矩，不與其他成年人溝通，使其外向能力的發展近乎為零，那麼當有陌生人用一些技巧和話術與孩子搭上話之後，孩子更容易被騙得團團轉。

　　因此，家長需要幫助孩子發展和鍛鍊自己的外向能力，例如：引導孩子和自己的朋友交流，在兒童遊樂園和陌生小朋友交流，在學校和其他年級的同學交流等等，這些都有助於孩子外向性的培養。

　　如果家長不能很好地鍛鍊孩子的外向能力，孩子則更容易內向自閉，這對其未來發展有十分大的危害。

◆ 鍛鍊孩子的責任心

　　鍛鍊孩子的責任心也很重要，這一點我的觀點和阿德勒相同。現代人很容易被龐大的資訊、自由的社會環境慣壞，有一點不滿都不能忍受，一定要發洩，這樣並不利於孩子堅強成熟性格的形成。其中很明顯的一點表現就是，有些人很習慣推卸責任。這一點非常不好，出了問題就先想辦法推卸

自己的責任，有什麼好處先想著自己，從來不考慮集體的利益，長此以往，既不利於集體的團結和發展，也不利於個體的未來成長發展。沒有人會喜歡一個只想著自己的利益，而完全不想承擔責任的人。所以，家長有時候要進行一些必要的挫折教育和責任教育，只有這樣，孩子才可能成長為一個合格的、社會適應能力強的成年人。

◆ 謹慎改變，根據孩子的要求鍛鍊其性格

性格並無優劣，但社會對不同性格的人才的需求有所不同，互聯網時代需要表達能力強、邏輯清楚、做事沉穩的人，因此，若孩子是安靜內斂、害羞沉默的個性，那他可能較難適應社會的要求，此時家長應該多和孩子溝通，引導孩子慢慢改變過於內向的性格。性格的缺陷是可以彌補的，如古希臘雄辯家狄摩西尼，他從小口吃和害羞，但透過在舌頭底下墊小石子，他慢慢改變了口吃的習慣，最後成長為一代雄辯大家。

性格可以透過後天鍛鍊而改變，但有必要改變嗎？家長需要根據和孩子的溝通、嘗試改變的回饋等多方面的資訊，考慮最終是讓孩子的性格保持原本的狀態還是往更適合社會化的方向進行引導。

第 2 節

五大人格特質：

兒童青少年的核心優勢和局限

　　如前文所述，目前性格領域的研究者在人格的描述上達成了較為一致的共識，在五因素模型理論的基礎上提出了人格的大五模式。曾有人將人格的大五模式稱為人格心理學的一場革命。研究者循著麥克雷、科斯塔和卡特爾的因素分析法，透過對人格描述的詞彙進行匯總和分類，將人格描述分類為五種特質，這五項特質的簡稱為「O、C、E、A、N」，因此五大人格特質又被稱為「人格的海洋」。

五大人格特質

　　五大人格特質理論承接了奧爾波特的開創性工作，因襲了卡特爾的 16 種根源特質的思路，最終指向五種基本性格。這其中有一個基本的假設始終貫穿其中：人類生活的重要方面會被詞彙描述，並且由於該方面的重要性，我們會在生活中不停地變換詞彙來形容該事物。

例如：人格中的誠實，我們會不停地變換方式來形容一個人的誠實，如忠誠、直接、老實、直率、真實、誠信、守諾等。透過這種方式，詞彙學家將人格特質從詞彙學的視角進行拆解，這成了研究人格特質的重要途徑。這樣的因素分析法最早開始於奧爾波特，他讓助手將英語詞典中所有描述人格差異的單字統計出來，並將這 17,853 個單字進行整合歸類，形成了 4,500 個較為普世的形容詞。但卡特爾認為這還是太多，於是從 4,500 個單字中經過多輪的篩選和實驗，最終選出了 35 個，進行因素分析。

1949 年，費斯克對卡特爾的 35 個單字進行了實驗，最終發現有 5 個因素總是出現在列表上，也就是我們所說的五大人格特質。接著為了驗證五大人格特質的穩定性，心理學家對包括大學生和空軍在內的 8 個樣本進行了檢測，同樣發現了 5 個因素的存在，隨後很多年的更大規模樣本的施測發現，這 5 個因素同樣穩定存在，至此，五大人格特質模型就成了西方心理學界公認的權威的人格特質模型。

五大人格特質的五項如下所述。

◆ 經驗開放性

經驗開放性具有想像、審美、情感豐富、求異、創造、智慧等特質。

這類人格特質主要集中在對事物的觀察認知上，例如：

藝術家就會對廢墟殘骸產生迥異於普通人的認知，他們會不停地擴散性思考，不斷昇華現實場景對他個人甚至其他人的影響。再比如有些工匠，需要到全國各地去遊歷、去經歷，去看到不一樣的東西，這樣他才能不斷有所創新，我們可以將之稱為想像能力或者從不同事物中抽取共性、抽取美的能力。此外，一些諮商心理師、記者等都要感覺敏銳，情感豐富，並且能共情觀察對象，他們在經驗開放性這一點上的得分會顯著高於普通個體。只有經驗開放性較高的個體才能在這些對創造力和整合能力要求很高的地方，抓取到常人難以獲得的經驗和體悟。

◆ 盡責性

盡責性包括勝任、公正、條理、盡職、成就、自律、謹慎、克制等特質。

盡責性這一點特質，是指個體對事物的因果關係和相互影響的概括，這其中包括人們對事物的責任，如一位畫家，他的責任就是用心創作出每一幅作品；一個詩人，就應該竭盡所能地去創作優美的詩歌；而一個農民的責任，就是將自己種植的作物培育好，直到收穫的季節。這是人對物的責任，也就是我們常說的盡職盡責。盡責性的另一種展現是人對人的責任，其中包括對自己的責任，也包括對他人的責任。一個盡責性強的個體對自己的要求標準會很高，會注意

到自己對他人的打擾，會要求自己盡力做到自己預設的標準，但是有時候可能也會產生責任擴散，導致自己對其他人的要求過高，這就是我們所說的嚴於律己且嚴於律人。

除此之外，盡責性強的個體還會對他人有很強的責任感，他們往往充滿正義感，對他人的評價謹慎而小心，生怕傷害到他人。例如：社會事件中見義勇為的人，大多是盡責性強的個體，勇於仗義執言，對不公平事件勇敢發聲的人也是盡責性強的人。「寧鳴而死，不默而生」，這是很多盡責性強的個體對生活的態度。

◆ 外向性

外向性是指個體表現出的熱情、社交、果斷、活躍、冒險、樂觀等特質。

外向性更像是個體和他人相處過程中的一種友好特質，外向性得分高的個體，多活潑熱情、開朗大方，平時和朋友相處和睦，總是喜歡認識新的朋友和事物，在對待新鮮事物上也表現得更加開放和積極。例如：有些人是聚會中的「開心果」，樂於活躍氣氛和調節人際關係，這樣的個體很少會在生活中表現出較強的不適應感以及與他人發生較多的衝突矛盾，相反，他們的生活看起來總是積極向上的，充滿樂觀和陽光。但同樣不可忽視的是，外向性得分高的個體可能會面臨人際關係混亂、剛愎自用、魯莽衝動等問題。

◆ 親和性

親和性是指個體具有的諸如信任、利他、直率、依從、謙虛、移情等特質。

親和性高的個體和外向性高的個體表面上來看行為表現類似，但實際上差別很大。例如：同樣都是聚會中的「開心果」，外向性高的個體表現得更像是一個領導者、一個組織者，而親和性高的個體則更像是一個配合的參與者和跟從者。親和性高的個體在人際關係交往中很少會表現出強烈的自我個性，因為過於鮮明的自我觀念可能會導致自己和他人的溝通交流不暢，但過於強調他人的感受甚至完全不考慮自身的真實需求，則會扭曲自己的真實需求，反而不利於個體自身的發展。

◆ 神經質

神經質是指個體難以平衡自己的焦慮、敵對、壓抑、自我意識、衝動、脆弱等特質，即個體不具有保持情緒穩定的能力。

神經質反映的是個體的情感調節過程，反映個體體驗消極情緒的傾向和情緒不穩定性。高神經質個體對外界的刺激反應比一般人強烈，對情緒的調節、應對能力比較差，經常處於一種不良的情緒狀態下。同時，這些人的思維、決策，以及有效應對外部壓力的能力比較差。相反，神經質維度得

分低的人較少煩惱，較少情緒化，比較平靜。高神經質的表現在青少年、兒童期間尤為常見，原因是青少年、兒童的前額葉皮層尚未發育完全，對自己情緒的控制能力較差，所以家長和老師總是能發現孩子有時候會很衝動、莫名其妙發脾氣，這既是生理上不成熟的表現，也有可能是孩子的情緒穩定性較差。

每個因素下又有幾個詳細的子維度，下面我們做簡要的介紹。

經驗開放性的六個子維度分別是：

* 想像力 —— 想像力高的個體會有生動的想像和活躍的幻想生活，他們的想像不僅僅是對生活的逃避，更是一種有趣的創造。想像力得分較低者，他們的生活多單調乏味，將精力集中在手頭的任務上。

* 審美 —— 審美能力高者對藝術和美有很深的理解，他們陶醉於詩歌、音樂等藝術活動中。他們可能不具備高品味，但對藝術更感興趣，對藝術的理解也遠超常人。審美得分較低者則對藝術不感興趣。

* 感受豐富 —— 高分者能將自己的情緒表達清楚，並且能體會到更深的情緒狀態，可以將不同的情緒區分開，能體會他人的情緒是積極還是消極；低分者則情緒遲鈍壓抑，不關注自己的情緒狀態。

◆ 新鮮感 —— 高分者更願意嘗試不同的活動，去新的地方，吃不同的東西，體驗不同的項目等，喜歡新奇的事物，喜歡多樣性，即使是在熟悉的地方也希望獲得不一樣的體驗；低分者則習慣單調重複的生活，不喜歡改變。

◆ 思辨 —— 展現的是個體的求知欲，高分者喜歡和人討論、探討，願意去推理和探究事物的本來面目；低分者則更務實，不喜歡思維的辨析。

◆ 價值觀 —— 高分者更喜歡挑戰權威、傳統，喜歡混亂、衝突和無序的狀態，不願意順從和容忍；低分者則喜歡權威和規則帶來的安全感，不會考慮權威和規則本身的合理性。

盡責性的六個子維度分別是：

◆ 能力 —— 高分者對自己的能力有信心，做事高效且一絲不苟；低分者對自己的能力不自信，甚至連生活都不能很好地掌控。

◆ 條理性 —— 高分者能把自己的生活打理得井井有條，喜歡制定計畫，按規則辦事，做事精確高效且有條不紊；低分者沒有計畫和條理性，做事雜亂無章，行事衝動粗心。

- 責任感 —— 高分者按規矩辦事，可以信賴；低分者散漫自由，不靠譜。

- 追求成就 —— 高分者以成功為導向，會被當作工作狂；低分者懶散悠閒。

- 自律 —— 高分者生活極其規律，有計畫、有策略地生活；低分者做事容易半途而廢，三分鐘熱度。

- 審慎 —— 高分者三思而後行，做事周到成熟；低分者衝動魯莽，想到什麼做什麼。

外向性的六個子維度分別是：

- 熱情 —— 高分者喜歡周圍的人，總是積極表達自己友好的情緒；低分者通常會被認為對人疏離。

- 樂群性 —— 高分者喜歡熱鬧的場合，性格開朗，有許多朋友；低分者避免人群，喜歡獨處。

- 獨斷性 —— 高分者說話有說服力，支配性強，指揮他人能力強；低分者在人群中話少，謙遜而靦腆。

- 活力 —— 高分者充滿精力，忙碌充實；低分者生活節奏慢，悠閒，從容不迫。

- 尋求刺激 —— 高分者喜歡冒險、刺激，需求新鮮感；低分者沉著冷靜，不喜歡冒險。

- 積極情緒 —— 高分者容易感受到各種積極情緒，並容易

保持積極情緒；低分者可能不太在乎積極情緒的影響或感受不到情緒。

親和性的六個子維度分別是：

* 信任 —— 高分者認為他人是誠實、心懷善意的；低分者則憤世嫉俗，常常懷疑他人的用意。
* 坦誠 —— 高分者為人坦率真摯老實；低分者則傾向於透過奉承、詭辯和欺騙來操縱他人。
* 利他 —— 高分者主動關心他人的生活，並表現出慷慨和關心；低分者則以自我為中心，不願捲入別人的麻煩中。
* 順從 —— 高分者往往尊重他人，並表現出順從和寬恕；低分者會為了自己的目的去威脅他人，有過分的、固執的要求。
* 謙虛 —— 高分者不愛出風頭；低分者總是傲慢自負。
* 同理心 —— 高分者能理解他人的需求；低分者更頑固，不受他人的影響。

神經質的六個子維度分別是：

* 焦慮 —— 高分者容易感受到危險和威脅，容易緊張不安、擔憂恐懼；低分者則心態平穩放鬆。

- 憤怒和敵意 —— 高分者處於緊迫狀態,隨時可能爆發情緒;低分者相對穩定和平靜。
- 憂鬱 —— 高分者容易出現負面情緒,並且易受打擊;低分者不容易感到悲傷,很少有遺棄感。
- 自我意識 —— 高分者對他人的評價過度在意,害怕被嘲笑,在社交場合裡容易害羞和自卑;低分者則鎮定自信,不容易緊張和害羞。
- 衝動型 —— 高分者性子急,不容易壓抑自己;低分者自制能力強。
- 脆弱性 —— 高分者面對壓力容易恐慌無助,很難應對壓力;低分者面對壓力常能感到平靜自信。

送給家長的教養策略

◆ 構建五大人格特質雷達圖

在此基礎上,家長就可以判斷自己的孩子在各項特質上的得分究竟為多少,形成一張雷達圖,對孩子的能力進行綜合評估。要提醒家長的一點是,孩子在外向性、親和性、盡責性和經驗開放性上的得分高低並不會影響孩子的未來發展,無非是方向的不同罷了,但神經質因素上的得分很大程度上會預測孩子未來是否會出現社會適應不良的問題。

神經質層面的得分既和家長的教育相關,也和母子互動相關。有研究顯示,母親情緒穩定性差的孩子在神經質方面

的得分會更高。另外，還有研究發現，童年資源稀缺的個體也更可能有更高的神經質得分。

之前某個真人實境秀節目就很能展現五大人格特質對個人性格刻劃的全面性。節目中每個出場嘉賓的性格都極為鮮明，而且每個嘉賓給人的第一印象和他之後在節目中的表現相比，都只是冰山一角，每個人後續的表現，無論是談吐還是做事，不管是好還是壞，展現出的形象都更加豐富立體，從而給人留下深刻的印象。因此，家長在教育孩子過程中，不應該只看到孩子的優點或缺點，應該全方面地看待孩子的性格全貌，以確保孩子不會被武斷地評判和隨意指揮。

◆給孩子一個良好的童年經歷

為了避免孩子的社會適應不良，家長一定要盡量保證孩子能有一個幸福的童年。只有在物質生活穩定、家庭關係和睦的環境中成長起來的孩子，才有可能避免嚴重的心理問題。

這一點特別要請一些婚姻關係不好的家長重視起來，父母的婚姻品質對教育的影響也很大，有研究顯示，貌合神離的婚姻對孩子的影響和離異、喪偶等家庭結構的影響相差無幾。父母在孩子面前的壓抑、克制、隱忍，彼此的冷漠，孩子是能感受到的。與其壓抑和克制，不如離婚之後再好好教育孩子，這樣明確的關係對孩子的教育反而有好處。其他例

如父母照料粗心導致孩子被拐賣、被傷害等，這樣的經歷都可能導致孩子產生心理問題，甚至社會化不良，家長一定要注意。

演化心理學認為，童年經歷動盪不安、資源稀缺的個體，在青少年晚期和成年期會表現出更強的冒險行為，包括嘗試犯罪和侵犯。因此，家長要想教育好自己的孩子，一定要為孩子創設一個良好的童年環境。

第 3 節
價值觀念：兒童青少年行為的原始驅力

　　心理學家一直在嘗試探究的一個問題是：個體的生活成就會受到哪些心理因素的影響。一般來說，個體的個人特質我們稱為人格，人格包含方方面面，其中最主要的是性格，我們常聽人說「性格決定命運，細節決定成敗」。性格對命運的決定是一種慣性力量，我們大概能夠預測某一種性格的人在面臨選擇時的選擇傾向，因為一個人的性格可以反映其價值觀，而價值觀最終會決定一個人的選擇。

　　所謂價值觀，是基於人的一定的思維感官之上而做出的認知、理解、判斷或抉擇，也就是人認定事物、辨定是非的一種思維或取向，從而展現出人、事、物一定的價值或作用。

斯普蘭格的理想價值觀

　　價值觀具有定性和持久性、歷史性與選擇性、主觀性的特點。價值觀對動機有導向的作用，同時反映人們的認知和

需求狀況。關於價值觀的研究最早同樣開始於社會心理學之父 —— 奧爾波特。在奧爾波特前期探測的基礎上，後人得出了不同的價值觀理論，目前來說，比較公認的是斯普蘭格的理想價值觀理論。

斯普蘭格將個體的追求、價值標準、善惡界線作為價值觀分類的標準，透過廣泛收集資料，旁徵博引，將所有的價值觀整合歸類為六種：理論價值、宗教價值、社會價值、審美價值、實用價值和政治價值。

◆ 理論價值

理論價值又可以稱為認知價值，是指個體更傾向於追求萬事萬物運行的規律，研究世界真理的願望。正如孔子所言：「朝聞道，夕死可矣。」追求理論價值的個體推崇求知欲，喜歡從具體的人、事、物中透過觀察和總結提取出規律。明白道理本身對於持有理論價值觀的人來說就是最大的快樂。

◆ 宗教價值

宗教價值是一種追求超驗感受、精神寄託，並渴望獲得超凡脫俗感受的價值觀。這種價值觀在宗教教徒中更加普遍和常見，因此被稱為宗教價值。宗教價值追求的是一種超驗的感受。所謂超驗，是指我們對超脫日常生活的一種思考：我們為什麼要工作？我們忙碌的意義是什麼？我存在的意義是什麼？我們不能從日常生活中得到這些問題的答案，因此

我們需要在超脫日常生活經驗的地方去獲得答案，這就是超驗的狀態。

宗教價值所推崇的超驗狀態，不僅在宗教中得以展現，在某些特殊文化背景下同樣能獲得類似的體驗。例如：一些狂熱的粉絲在追星時，為了獲得追星帶來的快感，會熱烈追求明星所擁有或使用過的一些物品，如詹姆斯用過的籃球、成龍戴過的髮帶等。

◆ 社會價值

社會價值是指個體能關注到其他人的生活，關注健全的人際關係，關注社會福利、道德問題等。這是一種較為高級的價值觀取向，常見於一些社會工作者和公益項目發起者身上。「助人為樂」是社會價值的最好概括。持有社會價值取向的個體能夠從為他人服務中獲得快樂、榮譽。這樣的個體追求的就是社會價值。

◆ 審美價值

審美價值是指從事物身上獲得美的感受，以此實現自己對生活意義的追求。這樣的個體認為藝術作品是一種美，風景是一種美，花鳥魚蟲、世事變遷都是一種美。持有這樣觀點的個體一般和現實脫節比較嚴重，很容易陷在自己的小世界裡，因此，他們有時候需要體驗日常生活和市井煙火，才能彌補自己的一些認知局限。

◆ 實用價值

持有實用價值觀的個體更加務實和功利，對效用、收益、性價比、耗費比較等更加在意，這在經濟領域展現得更為深刻。經濟學一直有一個非常理想的假設 —— 經濟人假設。也就是說，個體總是處於自我利益最大化狀態，總是自利的，甚至為了自身利益不惜損害他人的利益。這種假設就是實用價值觀的代表，很多人都處於實用價值觀和其他價值觀的混合狀態中。

◆ 政治價值

政治價值又被稱為「權力價值」，是指個體在人與人之間的相互管理、支配、組織協調中獲得自己的意義。但政治價值的權力是廣義的權力，是指個體在與他人的互動關係中獲得了一種或從屬或支配的快感。例如：乘務人員和乘客的關係，父母和孩子的關係，醫生和病人的關係等等，這些都構成所謂政治價值。政治價值的核心是組織、協調和動員工作能落到實處，這樣個體才能獲得自己生活的意義。

上述六種價值觀組成彼此對立的三組。

- 理論價值和審美價值都是用來衡量外在事物在內心世界的投射價值，理論價值側重於關注外在事物本來的面目；審美價值則更在乎事物帶給人的美感。前者是理性的代表，後者則是感性的代表。理論價值觀的產物是論文、科研成果，審美價值觀的產物是藝術作品。

◆ 宗教價值和實用價值也構成一組相互對立的價值觀，它們都是在考慮衡量物質財富或行為的價值。前者對外在的財富更加無感，強調個體的主觀感受，以否定世俗為實現自己價值觀的標準；後者則鼓勵人們追求財富，追求成功，更在乎個體的財富累積，成功與否。

◆ 政治價值和社會價值都是針對人們處理人、事、物矛盾的價值觀。前者鼓勵人們分清主次，發揚團隊精神，服從規則和權威；後者則要求人們更在乎整體的利益，無論個體處於怎樣的矛盾中，首先要做的事是顧及每個人的人性。

送給家長的教養策略

了解了上述價值觀之後，家長應該透過觀察和實踐去了解自己孩子的價值觀取向。

◆ 了解孩子的興趣愛好後鼓勵孩子發展

我並不贊成家長根據自己的經驗主觀地為孩子選擇一條道路或者自己做主決定孩子去做什麼事情，原因是孩子的人生應該獨屬於他自己，其他人或者事物，能做的只是幫助他更理解自己，去了解自己的真實需求。所以家長對孩子的教育、矯正，最多以助推為手段，任何強制的手段都會損害孩子自由成長的可能性。

231

因此，家長首先需要足夠謹慎和明晰，孩子這樣的價值觀取向究竟是在家長的影響下形成的還是先天如此，此外，除非孩子的價值觀有問題，例如：過度自利和功利可能對未來的發展不利，或者可能引起非常嚴重的心理問題，不然沒有必要強行改變孩子的價值觀。天性，是孩子身上最珍貴的特性，也是孩子最好的導師。

很多喜歡做研究的學生會有理論價值的取向，他們求真務實、不怕困難，但也有另外一些學生可能就比較喜歡輕鬆的學習氛圍，更喜歡享受生活而非埋頭研究，這是秉持兩種價值觀的人，因而有不同表現。但並不代表兩種人誰優誰劣，而是各有所長。

價值觀在一定程度上會展現在個人的興趣愛好上，所以家長要和孩子多溝通交流，為其培養合適的興趣愛好。例如：性格安靜、喜歡看漫畫書的孩子，那培養她學畫畫，今後當一個畫家或者美術老師對她來說更合適，但若是父母非要逼她從商，那她的心理狀態可能就需要不停地被調整測試。價值觀決定了她散淡的個性，這種情況下要強求她做自己不喜歡的事，對她來說並不快樂。

◆一定要從長遠發展的眼光來看待孩子的教育

很多家長很容易陷入一時成敗的比較中，例如：孩子期末考第一了嗎？考過鄰居家小孩了嗎？但教育的作用需要較

為長期的時間才能顯現出來，尤其對價值觀的教育，是孩子受益終生的教育，雖然短期內可能沒有什麼效果，但長期來看意義非凡。

舉個反例，曾有一個孩子有占小便宜、小偷小摸的習慣，因為家裡窮，家長並不管他，甚至鼓勵他去占小便宜。有時候孩子餓得受不了會去農田裡偷東西吃，結果有一次他去偷吃玉米的時候，農田裡剛打了農藥，他中毒嚴重。雖然最後搶救及時他活下來了，但一直神志不清。在這個例子中，對生存的渴望扭曲了他的價值觀，並且就此影響了他的一生。家長要做的就是避免這樣被迫的價值觀抉擇，把選擇還給孩子，給他一個光明的未來。

第 4 節
性格和職業：找到最合適的生活

人們常說，「女怕嫁錯郎，男怕入錯行」。對於個體來說，職業選擇是一項非常重要的人生抉擇。馬克思在《資本論》中所言，「錢貨交易是驚險的一躍」。而對於個體而言，將自己的價值和工作職位相匹配，也是驚險的一躍。成功了，個體的未來發展將一帆風順，薪資待遇也節節升高；失敗了，一方面會導致個體不自信，懷疑自己的社會化能力，另一方面會導致個體喪失大量的機會成本。

孩子的擇業問題，對於整個家庭來說都是一個非常重要的問題，那給孩子怎樣的意見能幫助他找到更心儀、更匹配的工作呢？這是所有家長都會思考的問題。

本節將從性格和職業發展規劃的角度來引導家長對孩子未來的職業生涯發展有更具體的了解。

從公車司機看性格特點

曾有一期討論度很高的 TED 演講，講一個中國人在美國街頭做擁抱實驗，他第一天的挑戰是向紐約的公車司機要一

個擁抱。在美國人的文化情境中，紐約是一個人情冷漠、人人脾氣暴躁且不好說話的地方，而紐約的卡車司機和公車司機常年行駛在這樣的環境中，脾氣更加壞，更不好說話，但實驗者的要求竟然獲得了積極的回饋。

對於實驗的結果我們並不關注，但很有意思的一點在於，大家對於實驗者對公車司機的形容都很認同並且好像事實就是這樣的。我們回顧國內對於公車司機的報導。近年來，對於公車司機的評價好了很多，尤其是一些公車司機見義勇為的事蹟被報導之後，大眾關於公車司機的抱怨少了很多。但在多年前，甚至是現在有些地方，人們對於公車司機的印象依舊是 —— 他們總是橫衝直撞，衝動易怒。為什麼公車司機會有這樣一種狀態呢？

首先是因為公車司機每天會面臨形形色色的人。上班遲到的、不停詢問時間的、沒趕上車罵司機的、非要中途下車的，各色人的唯一共同點就是希望違反公交公司的規則，讓自己得利，卻從未考慮公車司機的難處。這樣的事情遇到得多了，司機內心自然極其不耐煩。

其次是行車環境。國內很多司機有「路怒症」，違停、超車非常常見，甚至搖下車窗破口大罵、塞車鬥毆的都有。公車司機要面臨的行車環境實在惡劣。再加上公車到站的時間一般都有規定，塞車或者被人插隊都會讓司機非常火大。

最後就是公車司機的生活作息非常不規律。有時候要開一整天車，一坐就是一天，休息的時間少，吃飯的時間都擠不出來，甚至有時候還得幫忙代晚班。這樣一來，公車司機的脾氣自然不會很好。

從公車司機的例子中我們就可以看出，每個行業都會有適合其行業的性格特點，或者至少是有些性格是不適合某些行業的。例如：公車司機的性格就不能柔柔弱弱、優柔寡斷；太熱情積極、親和性強也不行，你光顧著聊天，不專心開車也不行；脾氣太急躁就更不行了，因為公車司機還要能消化乘客帶來的負面情緒，撐得住生活作息不規律的負面效果。所以說公車司機的脾氣不好是有原因的，同樣地，公車司機少有女性和看起來白淨的年輕人也是有原因的。

從心理學的角度來看，個體職業選擇和個體的價值觀息息相關。克萊爾‧Ｗ‧格雷夫斯將企業員工的價值觀分為七個等級：

- 第一級，反應型。這種類型的人並不能意識到自己和周圍的人類是作為人類而存在的。他們照著自己基本的生理需求做出反應，而不顧其他任何條件。
- 第二級，部落型。這種類型的人依賴他人，習慣服從於傳統習慣和權勢。

- ◆ 第三級，自我中心型。這種類型的人信仰個人主義、功利主義，愛挑釁，服從於權力。

- ◆ 第四級，堅持己見型。這種類型的人對模稜兩可的意見不能容忍，很難接受不同的價值觀，希望別人可以接受他們的價值觀。

- ◆ 第五級，玩弄權術型。這種類型的人透過擺弄別人、篡改事實，以達到個人目的，非常現實，總是積極爭取地位和社會影響。

- ◆ 第六級，社交中心型。這種類型的人把被人喜愛和與人和善相處看得比自己的發展更重要，受現實主義、權力主義和堅持己見者的排斥。

- ◆ 第七級，存在主義型。這種類型的人能高度容忍模糊不清的意見和不同的觀點，對制度和方針的僵化、權力的強制使用，勇於直言。

經過長期對企業員工的調查，研究者發現，大部分企業員工的價值觀處於第四和第五等級，只有經過長年工作之後，個體的價值觀才會突破至第六和第七等級，這其中還有一部分退休員工未被統計進來。

透過這個案例我們可以了解到，個體的職業選擇規劃和個體的性格、價值觀以及更綜合的人格有著密不可分的連繫。[007]

---

[007] 〔德〕斯普蘭格‧生活方式‧

斯普蘭格認為，現實型人格的個體更適合從事各類工程技術工作。這類工作通常需要運用工具或操作機械，如石油工程、資源勘察工程、地質工程、礦物資源工程、地下水科學與工程、冶金工程、數學與應用數學、資訊與運算科學、數理基礎科學、物理學、應用物理學、聲學、核子物理、化學、應用化學、化學生物學、分子科學與工程、生物科學等。

研究型人格更適合從事科學研究和科學實驗工作，如基礎醫學、衛生檢驗、營養學、種子科學與工程、水土保持與荒漠化防治、野生動物與自然保護區管理、動物藥學、動物醫學、森林資源保護與遊憩、應用生物科學、資訊工程、軟體工程、網路工程、廣播電視工程、光電資訊工程、電力工程與管理、水資源與海洋工程、水質科學與技術、環境監察等。

藝術型人格適合從事各種藝術創造工作。推薦從事的行業有音樂類的音樂表演、作曲與作曲技術理論、音樂學、音樂教育；美術類的繪畫、美術學、美術教育、藝術設計學、書法、藝術設計、攝影、戲劇影視美術設計、動畫、服裝設計、戲劇影視美術設計；舞蹈類的舞蹈表演、舞蹈編導、戲劇影視、文學廣電、影視；戲劇類的播音與主持藝術、廣播電視編導、錄音藝術、攝影攝像、影視照明、電視節目製

作、表演、導演、戲劇學等。

社會型人格的個體可能更合適從事各種直接為他人服務的工作，如教育學、特殊教育、國小教育、人文教育、學前教育、教育技術學、科學教育、園藝教育、林木生產教育、管理科學、工業工程、工程造價、產品品質工程、財務管理、工程管理、工商管理、會計學、人力資源管理等。

企業型人格可能適合從事組織與影響他人共同完成組織目標的工作，包括經濟學、企業管理學、財政學、國民經濟管理、保險、金融工程、信用管理、金融數學、國際經濟與貿易、貿易經濟、環境經濟、網路經濟學、稅務等。

傳統型人格可能適合從事公共關係學、公共政策學、公共管理、會展經濟與管理、航運管理、公共事業管理、土地資源管理、城市管理、體育產業管理、檔案學、圖書館學、農林經濟管理、資訊資源管理、行政管理等工作。

送給家長的教養策略

◆ 利用測試了解孩子的價值觀

有學者在斯普蘭格的價值觀基礎上開發了 MBTI 職業性格測試，共有 128 道題，為家長測試孩子的價值觀和職業性格提供了很好的測量工具。家長可以根據這一工具幫助孩子選擇自己感興趣的、合適的職業，並以此為中心，幫助孩子構建自己的職業生涯發展規劃。

有個很好的例子就是史丹利對天才兒童的追蹤研究。史丹利使用量表測試了兒童的智商之後，一直追蹤調查測量篩選的 1,000 名高智商兒童，50 年後，他們大多在各行各業取得了成功，尤其是那些從事自己所喜歡的職業的個體，他們看起來更年輕、更快樂。所以他們讓孩子做價值觀測試是很有必要的。

◆ 因材施教

家長在教育孩子時不能以經濟優勢為唯一的價值導向，並因此強迫孩子學習不喜歡的課程、從事不適合的事業，而應充分考慮到孩子的興趣和性格偏向，引導孩子從事其感興趣且適宜的事業。否則，孩子的個性和價值觀就會被抹殺，長此以往孩子的為人會變得麻木，形成很嚴重的心理健康問題。有時候和錢比起來，孩子的心情是否愉快才是家長應該考慮的重點。

興趣是孩子最好的老師，在具體教育孩子的過程中，家長應因材施教，做好個性化、有區分的教育。例如：家裡有兩個孩子，可能表現得各不相同，如果家長只是簡單地一視同仁，甚至過度關注年齡更大的孩子，就會帶來很多問題。

阿德勒認為，二胎孩子會對關注更加敏感和渴望，性格也可能更加敏感，如果不能公平對待每個孩子，或者不能按照孩子的性格採取適宜的對待方式，孩子可能就會鑽牛角尖、生悶氣。因此，家長在具體教育過程中一定要注意因材施教，教育有方。

小結

性格決定命運，本章透過講述個體的人格特質、性格特徵再到價值觀取向，向讀者展現了心理學目前對於個體性格特徵的研究。嚴格來說，本章管教意味並不濃，而是給予家長建議，讓家長根據自己孩子的性格特徵、興趣愛好，幫助孩子選擇適合於他的生活方式，這是家庭教育對孩子最好的培養。如果家長只是根據自己的經驗，草率地為孩子做決定，那麼孩子青春期的叛逆會導致家長的教育功虧一簣，甚至朝著自己不希望的方向漸行漸遠。想要孩子擁有快樂的生活、健全的人格、健康的心理和成熟的社會化發展，家長就一定要從孩子的角度出發去考慮問題。

回顧整章，我們先介紹了學界中目前來說較為清晰的人格特質發展脈絡，從奧爾波特的共同特質、個人特質、表面特質和根源特質，到卡特爾的四層理論模型，再到五因素模型和七因素模型說，學界對於人格特質的研究一直在發展。

接著，我們詳細介紹了目前學界最為權威和公認的人格特質模型——五大人格特質模型，該模型的五個因素又分別下轄六個子維度因子，每個因子都有切實可行、可判斷的

行為特徵，幫助大家據此分析判斷自己的性格特徵。在人格特質基礎上我們討論了價值觀對人的影響，以及價值觀的類型，透過斯普蘭格和格雷夫斯的價值觀類型說，我們可以發現，個體的價值觀很大程度上影響了個體對生命、對人生的態度，這也是為什麼我們要詳細介紹價值觀理論。

價值觀很大程度上影響了個體的職業觀，我們在第 4 節詳細講述了斯普蘭格認為的不同性格、價值觀的個體適合從事的職業。至此我們對於性格、人格、價值觀以及它們對個體職業生涯規劃的選擇的討論就結束了。

關於家長應如何幫助孩子進行自己的職業生涯規劃這點，我們一直在強調，希望家長在充分尊重孩子自己的性格特點和興趣愛好的基礎上進行選擇。

第六章

關於思維訓練的正向教育

少年強，則國強。

導語

回顧整本書，我們都在圍繞一個主題展開討論 ── 如何讓孩子變得更好。

第一章我們講述了關鍵期和能力發展的過程性變化，希望家長能從中找到幫助孩子快速成長的啟發點。我們介紹了語言能力的獲得、行為的習得、概念的形成、智力的發展等，這些我們統稱為能力，但我們並未對個體如何調用這些能力，如何去加工資訊進行介紹，這種加工資訊的能力，就是思維。

思維是依託於人類大腦和社會經驗，逐漸培養形成的能力特徵。思維最大的功能特點是整合，整合所有資訊、所有能力，整合知識、語言、概念以及複雜的人際關係。思維是個體主觀能動性的體驗。

思維的運用是一個連貫的過程，首先思維藉助於語言、表象和動作，透過想像、推理等認知操縱來實現，人們會對腦海中的長時記憶的經驗知識和外界輸入的資訊進行分析、綜合、比較、抽象和概括。思維是整個大腦的功能，特別是大腦皮層的功能。思維會在人腦中加工出新的概念，以便

促進問題的解決。問題解決會受到包括個體採用的策略、擁有的知識、知識的組織方式、情緒、動機、功能固著（fixierung）、人際關係等的影響。

　　本章會透過三節內容將思維介紹清楚。第 1 節我們會簡述思維的具體概念，以及一些與思維相關的概念、因素、理論以及思維組成部分。第 2 節我們會詳細敘述影響思維能力的因素，以及家長如何從這些方面入手，幫助孩子形成良好的思維習慣。第 3 節我們會在思維能力的運用、思維能力的種類上做介紹，為家長更好地理解思維為何物做充分的解釋。

　　本章的內容相對來說更加精深，也更加詳細，但了解孩子的思維發展對家長及各類教育者來說是極其有必要的，因此，希望各位讀者能沉下心來，仔細閱讀。

第 1 節
思維訓練：學習能力的核心

　　人類和動物的區別是什麼？對於這個問題每個人都會有不同的答案：人有思想，人會學習，人有情緒，人能利用工具，人懂得團隊合作，人有靈魂，人能使用火，人能形成文字，人可以認識事物等等。這其中有的觀點是正確的，有的觀點是不正確的。但不可否認的一點是，所有人也都認可 —— 人懂得學習，人能思考 —— 這一點是人迥異於其他動物的一種本質特徵。

　　人體是很脆弱的，正如前文論述演化心理學時我們所表述的，人在生命早期沒有任何自我保護的能力。人類個體極其脆弱，在野外自然環境中，人類幼兒的死亡率極高，但人類具有其他動物所不具有的潛力，那就是學習 —— 學習使用工具，學習獲得食物，學習利用外界事物抵禦危險，保護自己。所以雖然人類個體極其脆弱，幼兒死亡的風險也更大，但最終在漫長的演化過程中，人類逐漸擺脫物種本身的限制，稱為地球的「霸主」，其背後的本質原因，正是人類善於學習。

學習是什麼？從過程來說，是利用自己的經驗和現有條件，透過思考的方式進行整合和成長。思考的過程中我們使用的主觀概念，就是本節我們要詳細介紹的一個概念 —— 思維。

什麼是思維

心理學是這樣界定思維的：思維是藉助語言、表象或動作實現的、對客觀事物概括的和間接的認知，是認知的高級形式。它能揭示事物的本質特徵和內部聯繫，並主要表現在概念形成和問題解決的活動中。

思維從語言、表象和動作中提取出來，並藉助這三者實現的一種高級認知。語言和動作是人行為的主要方式，表象則是個體在頭腦中形成的關於事物的形象。例如：面前的蘋果是一個客觀實在的物體，而人腦中對該物體的印象可能是，這是一顆廉價的、常見的蘋果，已經放了兩天，味道沒有青森蘋果好吃，沒有富士蘋果甜，個頭倒是很大。小孩子可能會想，這顆蘋果和我昨天吃的那顆一模一樣，但味道不太好，今天我不想再吃這樣的蘋果了。

由此可見，表象在人腦中是以具體生動的形象出現的，因而具有直觀性。表象既是對現實事物的表現，但同時也是對這類事物的一個總括性的表徵，因此具有概括性。表象作為人腦中的形象，會伴隨人的認知而不斷地發展和加工，因而我們說表象具有可加工性。

　　表象的存在為概念的形成提供了感性基礎。例如：我們對蘋果的理解，剛開始我們看到的只是一個普通的蘋果，滋味單薄，個頭小，口感脆，此時，我們對所有蘋果的感覺都是如此。但伴隨我們吃過、見過的蘋果逐漸增多，如富士蘋果、青森蘋果、黃元帥、蜜脆蘋果等，我們吃的蘋果種類越多，我們對蘋果的理解程度就會越深。我們會意識到，自身對蘋果的評估包含口感、口味、水分、個頭、色澤等多個屬性和側面的差異，我們對於蘋果的概念越來越清晰，同時這也鍛鍊了我們對事物概念的概括性認知和提取的能力。

　　此外，我們對於表象的深化認知，有利於促進問題的解決。還是以蘋果為例，孩子口渴，希望找些水喝，但現在面前只有一個蘋果，問題該如何解決呢？當孩子對蘋果有足夠的了解時，他會意識到蘋果中包含的水分同樣可以緩解自己的口渴，問題就解決了。

　　對表象的加工除了對事物的認知和理解增加，還有一種方式：想像。想像是對頭腦中已有的表象進行加工改造，形成新形象的過程。例如：孩子看多了《西遊記》，就會把棍子想像成金箍棒，把樹葉想像成妖怪，然後一頓亂打。

　　想像和思維有著密切的關聯，同屬於高級認知過程。當人們面臨問題情景時，頭腦中會存在兩種超前系統：形象系統和概念系統。對這兩者的加工和整合被稱為思維，而想像

的作用就是跳過某些思維階段，構成事物的新形象。例如：
萊特兄弟在發明飛機之前，人們想像自己可以像鳥一樣飛
翔。正是這樣的想像促進了人們的思維發展，並最終找到了
征服天空的辦法。

　　想像有助於思維的擴展，一方面，想像有預見作用，為
思維的發展提供了方向；另一方面，想像有補充知識經驗的
作用。在實際生活中人們很難見識所有書上寫的東西，例
如：孩子可能一輩子都不會見到野外的老虎，但他們對老虎
的認知一樣形象生動，原因是個體能透過文字認識到事物的
準確性。此外，想像還具有代替的作用，當人們的需要無法
被滿足時，想像有助於人們獲得體驗，例如：孩子透過想像
體會成為超人力霸王的感覺。

　　人們會透過黏合不同的概念，誇張事物的某些突出特
點，將事物的典型特點提取出來重新組織，以及聯想等方式
來創造新的想像。不同的想像對個體思維能力，尤其是後文
要介紹的發散性思維具有很強的鍛鍊作用。

　　思維的加工會將表象加工為概念。所謂概念，是指人腦
對客觀事物本質特徵的認知。例如：孩子在什麼都不知道的
情況下，如何認識火呢？有人會形容火是紅的、閃光的、很
熱，有人會指著火給孩子看，但這些都不是火的本質特徵。
尤其對孩子來說，讓孩子認識火最好的方式是引導孩子靠近

火源,當孩子感覺到溫度很高,自己不能接受時,關於火的概念自然就形成了。

概念的獲得方式除了直接的體驗,另一種就是推理,推理是一種從具體事物中歸納出一般規律,或者根據一般原理推出新結論的思維活動。推理的方式主要是三段論,其依據是邏輯。關於邏輯思維的訓練是一個持續培養和學習的過程,這需要家長在日常生活中提供孩子足夠多的機會去鍛鍊和練習孩子的邏輯思維能力。

思維活動的最終目的是解決問題。問題解決是由一定情境引起的,按照一定的目標,應用各種認知活動、技能,經過一系列思維操作,使問題得以解決的過程。從這個定義中我們可以發現,問題解決的重點是思維操作。思維操作是解決問題的核心。

綜上所述,我們可以知道,思維是建立在表象、語言、動作基礎上,透過加工腦海中的表象、想像和概念,最終整合自己的認知結構,以幫助問題解決的過程。

理解了思維的本質後,我們應該注意到,思維的養成、改進,同樣是兒童、青少年應該努力習得,並不斷改進的重要能力。思維的鍛鍊並不像語言和認知概念那樣容易,它涉及的東西更多、內容更廣、過程更複雜,互動的對象也更加多元多樣,家長可能不會注意到自己的孩子還需要這樣的鍛鍊。

　　但思維的鍛鍊又是必需的，家長要如何幫助孩子鍛鍊自己的思維呢？

送給家長的教養策略

◆給孩子創造邏輯思維表達的機會

　　首先家長要有意地去鍛鍊孩子的思維，例如：晚飯時和孩子就最近的新聞進行討論，對學校發生的大小事件進行分析。家長要刻意創造邏輯思維表達的機會給孩子。

◆鍛鍊孩子的想像力

　　鍛鍊想像力的一個很好的方式是搭積木，孩子腦海中可以構建無數個建築形象，並將其擺出來，這樣的及時回饋對想像力的訓練是事半功倍的。

◆為孩子準備合適的閱讀內容

　　家長要替孩子準備合適的學習材料，如《小故事大道理》、《十萬個為什麼》等益智類圖書，這類圖書有利於孩子邏輯思辨能力的養成，對於鍛鍊思維能力更是很有幫助。還可以多幫助孩子表達自己的觀念，這對於孩子自信的養成也十分有益。

◆督促孩子進行思維訓練

　　家長還要做的一點就是督促孩子進行思維訓練。有時候，孩子的思維能力形成了，但很少應用，也會逐漸生疏，因此家長要時刻注意孩子可能用到思維能力的地方，多給孩子表現的機會。

　　行百里者半九十。不監督，孩子很容易做事三分鐘熱度，打退堂鼓。因此，家長應該抓住一切機會，有意無意地鍛鍊孩子的思維能力，例如：在孩子每次吃飯前，家長讓孩子猜今天吃什麼以及他為什麼這麼猜，這樣孩子很快就能表述清楚今天要吃什麼，而且說得有理有據，比如今天買了青菜，家裡還有一些臘肉，所以今天媽媽炒了臘肉青菜等等。剛開始，孩子可能還只是很簡單地進行推測，等經過一段時間的鍛鍊後，孩子便能猜出炒了幾道菜，為什麼炒這幾道，並給出合理建議。由此可見，鍛鍊對於思維的重要性。

第 2 節

解決問題：授兒童青少年以漁

思維很重要，原因是思維在解決問題中具有舉足輕重的作用。然而問題解決過程中會有很多影響因素，來阻礙思維的發散和拓展。了解問題解決的影響因素有利於我們解決問題，同樣也有利於我們鍛鍊思維能力。

問題解決除了受思維本身的限制，思維的方式、策略，個體擁有的知識同樣會影響到個體的問題解決。例如：數學測驗上有一道超出課綱的題目，對該知識點完全不知道的孩子自然沒辦法解決該問題，對該問題有概念、有想法和有策略的孩子才有可能解決這一意外的問題。

此外，知識的表徵方式同樣會影響到問題的解決。我們在國小國中階段會遇到很多「腦筋急轉彎」式的問題，這些問題的解決上的阻礙或者說關鍵點就是知識的表徵方式，這種類型的問題最終的答案可能出乎意料，但對於鍛鍊思維是極好的辦法。

定勢也會影響個體的問題解決進程。所謂定勢是指重複

先前的心理操作，所引起的對於問題解決的準備狀態。例如孩子剛剛用「土法煉鋼」的辦法解決了一道數學問題，那麼下一道代數運算的題他就會受到定勢的阻礙。但有時候定勢會幫助答題，例如：同樣是用窮舉法（exhaustive algorithm）來解答的問題，上一道用到的窮舉法會使得個體在解決這道題上更加輕鬆。

功能固著也會影響個體的思維能力。功能固著是指人們習慣將某項物品的功能固定，而不思考它可能存在的其他可能性。例如：我們常使用筆記本做筆記，但如果任務是使用筆記本和鉛筆畫出一個規則的三角形，有些人很快能利用筆記本的邊緣做直尺畫出來，而一部分固著過深的個體可能很難實現這樣的操作。

動機也會影響個體的問題解決，人們對事物的態度和興趣會影響到對該問題的解決。例如：國中時期，男孩子對理化的興趣會促進他對難題的理解和解題速度，而對歷史的不感興趣可能會導致他在歷史上的得分極差。

情緒也會影響個體思維的發散和加工。當個體處於極度恐懼和憤怒的狀態中時，思維就很難調動個體的認知概念和想像，可能導致問題解決的失敗，只有當個體處於專注以及積極的情緒狀態中時，個體才能獲得思維的成長。例如：邊聽音樂邊做題的孩子可能作業完成得又快又好，而一邊看電

視一邊寫作業的孩子則相反。原因可能是後者花了太多的精力在電視上，導致自己的精神不夠專注。

人際關係也會影響人的問題解決能力。有資源、有管道的人總會有更多的辦法去解決現實的問題，而人際關係緊張會導致個體的情緒變差，並不利於問題的解決。

我們舉些例子來說明上述因素對個體思維的影響。一個朋友上小學的時候，學校有一次舉辦識字測驗，方式就是讓一個高年級生帶一個低年級生識字，那些字低年級基本還沒有教到，所以對大部分低年級生而言，那堂課就好像聽天書，但朋友小時候就喜歡看書，所以知識儲備相對多一些，識字過程就很順利，甚至令一些高年級生也嘖嘖稱讚。由此可見，知識數量的多寡同樣會影響個體的問題解決能力。

策略對思維的影響更是顯而易見。戰國時期，孫臏和龐涓這一對師兄弟分別效忠於不同的國家。龐涓一心想超越自己的師弟，為此無所不用其極，他設計陷害孫臏，剜去了他的膝蓋骨。龐涓的策略就是跟緊孫臏然後再想辦法超過他。孫臏設法逃跑之後很快利用龐涓的這種策略制定了對策。孫臏設計將龐涓逼至一處山谷中，半夜發動襲擊。龐涓大驚率隊策馬逃跑，至一處老樹下，見樹皮光潔，於是叫人舉起火把看是怎麼回事，卻只見樹身上寫著：龐涓死於此樹下。然後遠處萬箭齊發，將龐涓等人射死於樹下。這就是策略對人

思維的影響，龐涓利用策略占盡先機，但最後也因為這樣的策略而死。

動機對思維的影響更是常見，如中國歷史上著名的茶聖陸羽。陸羽從小就是個孤兒，被寺院的禪師養大，但他並不喜歡每日唸經誦典，只喜歡看詩書經傳。一日，陸羽執意下山求學，禪師不許，說除非陸羽能沖出好茶來。於是陸羽不斷地鑽研茶道，逐漸學會了苦丁茶的沖泡，下山之後更加努力地學習茶藝、茶理，最後寫下了廣為流傳的《茶經》。

情緒對人思維的影響更是普遍，一個很常見的例證是考試時越緊張，越容易發揮失常，反而不能取得理想的成績。

人際關係對問題解決的影響也是很大的，例如：馬克·吐溫早年嘗試經商，結果賠了不少錢，是在朋友的勸說下才轉行寫作，並就此成為一代文豪。如果不是朋友的勸說以及幫他找管道發售圖書，馬克·吐溫可能一輩子就是一個鬱鬱不得志的小職員。

送給家長的教養策略

綜合上述，我們知道情緒、人際關係、問題表徵、知識、策略、動機等會對個體的思維加工能力產生影響。為了提高孩子的思維加工能力，家長可以從這幾個方面入手，來著力改善孩子的思維習慣：

- 採用多元的問題表徵形式以促進孩子擴散性思考、逆向思考的發展。
- 鼓勵孩子汲取更多的知識，以幫助孩子理解問題。
- 幫助孩子形成健康的人際關係。
- 幫助孩子應對不合理情緒，形成健康穩定的心理。
- 培養孩子在各方面的興趣，鼓勵孩子多去嘗試。

在這樣的助力下，孩子的思維能力會得到扎實的鍛鍊，獲得長足的進步。

第 3 節
思維方式：兒童青少年正向教育的本質

前文我們講述了很多關於思維的問題，那麼我們為什麼要講述思維能力的培養呢？這是為了解決現實的問題。

司馬賀和紐厄爾將問題解決的過程表述為問題解決空間，解決問題的過程就是將問題從問題表述的初始狀態轉化為問題解決的最終狀態的過程。問題解決的過程就是在問題空間裡尋找一條合適的路徑將問題從初始狀態轉化為最終狀態。

思維能力就是我們尋找這條路徑的關鍵。以玩《大富翁》遊戲做比喻，其中問題是如何獲得勝利，最終狀態是獲得全場最多的資產。為了成為勝利者，每個人都會想盡一切辦法來獲得更多的資產，而如何獲得最多的資產，就是思維加工的問題了，有些人選擇不停地蓋房子，買地皮；有些人選擇成為法官，到處罰款；還有些人打算依靠運氣，看會不會天上掉餡餅。無論是採用哪種方法，都是思維加工的一種方式，但很明顯有更好的那一種方法。

應用思維解決現實問題，不只是選擇最佳路徑的問題，也是一個綜合衡量個體的 EQ、IQ、性格、人際關係等各方面的考核。假設一個人只能想到自身問題的解決而不能考慮他人的看法，甚至為此損害他人的利益，這就會導致自己人際關係的崩塌。所謂的現實問題是將所有相關因素都考慮進來的，是一種複雜而多樣的問題。

思維的應用是一個整合自己所有能力、性格、知識、策略等各方面的過程，尤其是應對現實問題時，三思而後行，是解決問題的首要準則，一味地求快貪全，不利於問題的解決，還有可能使問題更糟。要知道任何問題背後都有千絲萬縷的連繫，任何一點沒有想到都有可能導致個體最終問題解決的失敗，並引起一連串的不良反應，就好像多米諾骨牌似的。因此，在應用思維解決問題時，我們一定要足夠謹慎。

思維的整個過程，概括來講就是將存儲在頭腦中的知識經驗和外界輸入的資訊進行分析、綜合、比較、抽象、概括和整理的過程。所以思維本身並不判斷對錯和結果成功與否，在使用思維對事件進行分析時，我們一定要注意排除自己主觀的想像和推論。

例如：家長在管教孩子的過程中，覺得打罵是正確的，覺得說教是正確的，覺得替孩子做主是正確的，這樣的問題解決方式是家長自己的看法，是他們的思維整合的結果。但

對於問題能否解決，思維沒有一個定論，這就是為什麼家長在管教過程中一定要處處謹慎。對於家長來說，問題是即時的，解決了就完了，但對於孩子的影響可能是終生的。

我們舉些例子來說明如何應用思維來解決現實問題。其中很經典的一個例子是某知名企業的一道面試題：一頭重450公斤的牛要過河，橋只能承重400公斤，問候選人該如何渡過河，前提是不能殺牛、不能拉長牛的體積等。聽過最有趣的一個答案是把牛賣了，買一部某品牌手機過河，過了河把手機溢價賣出，再買一頭體型大小和之前的牛差不多的交差。這很明顯是個不嚴謹的答案，但考慮到是在大公司面試，在這一現實情境中，這樣的答案至少是個方向。

再比如，我們經常遇到的排水問題：往一個浴缸裡灌水，灌水的速度是 4L/min，但浴缸忘了蓋緊，會以 1L/min 的速度漏水，浴缸容積約為 100L，問多久才可以洗澡？一般人可能覺得這只是一個很簡單的算術題，半個小時差不多就夠了，但實際情況中可能就不能洗澡，原因是放的水如果後期是冷水，前期是熱水，浴缸中水的水溫肯定是不夠的，再加上人洗澡並不需要浴缸完全裝滿水，還得考慮個體的體重……這些現實的問題如果不考慮進來，只是理論上紙上談兵，答案自然不對。這就是理論思維和經驗思維的差別了。

要想利用思維方式解決現實問題，最重要的一點是：模

擬。例如：古代有戰場推演的慣例，而且推演的各種考量因素和現實很符合，在推演過程中謀士會將可能的影響因素都考慮到位，這既是經驗之談，也是思維的一種考校，這就是多思慮者勝。

面對很多現實問題，我們也要有模擬思維。例如：學測前我們總會有模擬考試，考駕照的時候也會有模擬考場環境練習。所以家長一定要為孩子提供模擬環境，幫助其鍛鍊思維能力。例如：教孩子搭建一個寵物的房子，該買哪些材料，房屋結構是什麼，如何搭建等等，這些都可以讓孩子自由發揮，暢所欲言，最後再實際操作。實踐和理論模擬的結合才能真正促進孩子的思維成長。

送給家長的教養策略

◆ 破除思維應用的誤區

上述所有理論只是倡議，並不是贊同孩子隨意破壞或者損壞對象，而是說讓家長創造合適的環境，如一些陶藝體驗、手工體驗、花藝體驗等，但破壞公園花草、損壞景區雕塑，這可不是家長要創造的合適環境。對於孩子旺盛的探究欲望，家長要將其引導到正確合理的發洩方式上，而不是縱容孩子破壞別人的東西。「屁孩」的產生，責任大部分在於不負責任的家長。

想要寓教於樂，用現實實驗去鍛鍊孩子的思維，家長可

以考慮給孩子報一些手工和機械課程，而不是讓孩子到處胡鬧。例如：華生實驗室為了做建立聯結的實驗，曾將一個嬰兒接觸毛茸茸物體和巨大的聲音聯結在一起，最後給這個孩子造成了巨大的心理創傷，該實驗室也因此被禁止做任何實驗。這樣隨意地利用他人的生理反應，來驗證自己的猜想，突破倫理道德，是思維應用的負面案例，只會導致社會秩序的崩壞。應用思維是一把雙刃劍，用好了可以促進孩子的成長，為社會做貢獻，用得不好，就會造成巨大的社會破壞，導致社會種種問題。

◆創造思維應用的條件

思維應用重在應用，必須得到真實事件的檢驗，因此家長要盡可能替孩子創造思維應用的機會。例如：家裡要換燈泡，沒有高凳子該怎麼辦？需要搬櫃子，但搬不動的情況下用現有工具如何達到目的？家長就可以帶領孩子一起思考解決辦法，給孩子思維鍛鍊的機會。

最常見的思維應用條件是模擬沙盤，在戰爭年代，軍師或參謀就是在作戰室透過一定比例複製的沙盤來做軍事推演的。現在這樣的模擬就更多了，電腦就可以做得更好、更逼真。無論是模擬山羊，模擬老虎，還是類比駕駛飛機，電腦軟體都能幫助人鍛鍊應用思維的能力。

　　這樣常見的可以鍛鍊孩子思維能力的事件非常多，問題是家長能不能注意到這樣的細節並嘗試引導孩子鍛鍊自己的思維，這是思維應用的關鍵。

小結

本章利用有限的篇幅介紹了思維的全過程，以及思維受到哪些因素的影響。重點是告知家長，孩子的成長過程是一個動態的、多元多水準的過程，對於一時的得失家長毋須太過在意。對於孩子的管教，堵不如疏，這一點是非常重要的。對於孩子的不良習慣，要因勢利導，透過引導和矯正來解決問題，千萬不要隨便壓抑孩子，更不要直接阻斷孩子和壞習慣的連接，因為那些被隱藏或壓抑起來的需求，會以更具破壞性的模樣捲土重來。

對孩子的教育也是一個思維發展的過程，所以我們的家長也一定要注意方式方法，選對策略，更多地閱讀教育心理學、發展心理學、人格心理學和相關的教育類書籍。掌握更多的理論知識有助於啟發家長的教育方法，促進家庭教育的完善。家長在和孩子互動交流的過程中切忌帶著情緒交流，這就是書中所述的「踢貓效應」和轉移的心理防禦機制，將情緒轉移給孩子是一種非常幼稚和不負責任的表現。

因此，家長一定要注意在和孩子交往的過程中保持中正平和，尤其是母親，有很多研究顯示，母親對孩子的教育和

性格的養成具有極強的預測作用，甚至可以預測個體晚年的傷殘可能性。母親的受教育程度、性格、修養和教育意識，對孩子來說非常關鍵，所以母親在孩子面前要盡量保持積極的精神狀態，保證孩子所受教育的完整性和健康性。

對孩子興趣的培養也很重要，我非常反對將孩子送到各類興趣班去強行培養孩子的興趣，真正的興趣應該是孩子自然而然形成的，是自己的一種愛好，自己想去了解學習而不是將其當成一種課外負擔。

培養思維能力最重要的影響因素是知識，專家和新手最大的區別便在於他們擁有的知識量不同，新手組織知識的能力、方式少於專家，了解的知識更是遠遠少於專家，這就是為什麼面對同樣的問題，往往專家可以很快給出問題的應對措施，而新手卻不能。

書籍對於家庭教育尤其重要，教育的第一步就是知識。對於孩子來說，讀書就是獲得知識最重要的方式，所以家長一定要給孩子讀書的機會，無論是給孩子買書，還是帶孩子去圖書館或書店借閱讀書，總之要給孩子營造讀書的環境，幫助孩子廣泛地攝取知識。如果說性格決定命運，那麼改變自己命運的第一步，就是知識。

後記

　　最後，我來對本書做一個總結。在寫這塊內容之前，我從未想過有一天自己會寫一本十餘萬字的書，更沒有想過，靠零碎時間寫作累積能完成。我一直很忙，學業、工作、考試、晉升……但我幾乎每天都會擠出一點時間來寫作。一開始我覺得非常疲憊，但後來寫書居然成了我放鬆身心的方式。

　　對內容的理解、看法，想要表達的觀點，每一個都是真實的自我，也是我對教育的看法。

　　希望這本書能對讀者幫助孩子有所啟發，這會使我非常開心。

電子書購買　　爽讀 APP

國家圖書館出版品預行編目資料

化暴力為引導，「正向教育心理學」把握每個
養育關鍵期：大五人格 × 防禦機制 × 自我價
值感 × 助推理論 × 霸凌研究，矯正兒少偏差
行為，避免做焦慮父母 / 朱可可 著 . -- 第一版 .
-- 臺北市：崧燁文化事業有限公司 , 2024.08
面；　公分
POD 版
ISBN 978-626-394-571-5(平裝)
1.CST: 兒童教育 2.CST: 兒童心理學 3.CST: 教
育心理學
173.1　　　113010669

化暴力為引導，「正向教育心理學」把握每個養育關鍵期：大五人格 × 防禦機制 × 自我價值感 × 助推理論 × 霸凌研究，矯正兒少偏差行為，避免做焦慮父母

臉書

作　　　者：朱可可
責 任 編 輯：高惠娟
發　行　人：黃振庭
出　版　者：崧燁文化事業有限公司
發　行　者：崧燁文化事業有限公司
E - m a i l：sonbookservice@gmail.com
粉　絲　頁：https://www.facebook.com/sonbookss/
網　　　址：https://sonbook.net/
地　　　址：台北市中正區重慶南路一段 61 號 8 樓
8F., No.61, Sec. 1, Chongqing S. Rd., Zhongzheng Dist., Taipei City 100, Taiwan
電　　　話：(02) 2370-3310　　　傳　　　真：(02) 2388-1990
印　　　刷：京峯數位服務有限公司
律 師 顧 問：廣華律師事務所 張珮琦律師

定　　　價：375 元
發行日期：2024 年 08 月第一版
◎本書以 POD 印製
Design Assets from Freepik.com